災害時の情報伝達と地方自治体

西本秀樹　Nishimoto Hideki
編著

西垣泰幸
遠山元道
Wong Meng Seng
東裕三
根本潤
著

日本経済評論社

はしがき

　本書は、公共政策、情報政策、技術基盤の立場から、災害時情報伝達と政府政策モデルについてまとめたものであり、複数の著者により幅広い研究サーベイと解説、実践的な技術を平易に示すことを目標に構成されたものであり、以下の6章からなる。

　第1章では、西本が日本国内における災害時危機体制と情報伝達機能について概説をおこなっている。政府や国土交通省をはじめ国の担当機関の災害に強い国土づくりや危機管理に備えた体制の充実策、自然災害への対処策や予測システムについて触れて、災害時における市民によるソーシャル・ネットワーキング・サービス（SNS）などソーシャルメディアの役割が、平成23年（2011年）の東北地方太平洋沖地震以降、重要な役割を果たしてきていることに着目し、その事例を紹介している。

　第2章では、西垣が地方分権の進展において、近年急速に発展しているIT技術やそれを応用した電子政府の推進が、そのような要因にいかに作用し、地方分権の実現にいかに貢献するのかを検討している。地方分権の意義を知るために財政構造と地方分権への動きを時系列的に解説し、そこから公共部門に民間的経営手法を導入するNPM（New Public Management）による行政の効率化（新しい公共経営）の必要性を指摘している。さらに、マネジメント理論の観点から、経営戦略、内部管理、外部管理、市民協働の概念整埋しNPMの戦略を概説している。地方政府における行政の情報化と電子政府推進は同時期に推進されており、地方分権改革に大きな貢献をしている。本章ではこれらの歴史的な動きを総括し、その評価、今後の課題について言及している。

　第3章では、東が政策情報と政策評価および地方行政の効率性について解説しており、とくに、政策判断が「ヤードスティック競争理論」に基づい

ておこなわれることの重要性を指摘している。ヤードスティック競争とは，住民が他地域の税率や地方公共財の供給量を基準として自地域の現職政治家を再選させるか否かを決定するため，現職の政治家は他地域の政治家の行動を観察しながら，税率や公共財の供給量を決定するという理論であり、近年注目を集めている。ヤードスティック競争の先駆的な研究である Beslay and Case（1995）のモデルを概観しながら基本的なヤードスティック競争モデルの特徴や均衡を考察する。その応用について概説した後、ヤードスティック競争を有効に機能するためには財政格差を改善することが重要であることを指摘し、地方財政論の分野にヤードスティック競争を応用するために重要な研究である Lazear and Rosen（1981）のモデルを展開している。さらに垂直的外部性のモデルにヤードスティック競争を導入し、ヤードスティック競争が垂直的外部性を矯正することができるのか否かを考察し、これらが有効に機能するためには、地方政府の活動の透明性を高め、各地域住民の満足度水準などの情報が正しく全住民に伝わっていなければならないことを指摘する。

　第4章では、根本、遠山が災害時に重要となる情報の伝達データの新たな管理方式について詳述しており、オープンデータ利活用の課題を解決するデータ管理方式として、国や地方自治体の各組織が有するオープンデータをRDB（Relational Database）の形式で提供する RTA（Remote Table Access）を提案している。

　まず防災・災害情報関連オープンデータの現状について述べた後、その現状と課題を解説し、総務省統計局が整備し、独立行政法人統計センターが運用する「統計 LOD（Linked Open Data）」や、一般社団法人リンクデータが運用するオープンデータ活用支援プラットフォーム「LinkData.org」について触れ、防災・災害情報関連のオープンデータも登録されている LinkData について紹介している。我が国におけるオープンデータ化の取り組みはデータを公開するという初期の段階を脱しつつある。さらにここでは防災、減災のための新たなサービス提供や課題解決に向けてオープンデータの利活用を

促進していくための課題を抽出している。

　RTA システムは、企業や官公庁の RDB を管理するシステムである RDBMS (Relational Database Management System)、PTL (Public Table Library) サーバ、RTA クライアントの 3 つから構成される。PTL サーバは、オープンデータとして公開されているテーブルのメタ情報を管理するサーバである。またこれらのアーキテクチャの下、多種多様な形式のオープンデータを RTA で利用可能にする ToT (Tables on Top) というアプローチを提案する。これらの概念や動きについて解説した後、2018 年 7 月に西日本を中心に広い範囲で発生した記録的な集中豪雨（西日本豪雨）における防災・災害情報関連オープンデータの活用可能性をケーススタディとして捉えて解説を加えている。

　第 5 章では、Wong と西本が、災害時情報伝達の緊急管理の規範として予防、準備、対応、復旧モデル (Prevention, Preparedness, Response, and Recovery, PPRR Model) について解説している。各国において災害時におけるソーシャルメディアの活用とその効果については報告されているが、とくに ICT 利用の盛んなマレーシアにおける事例を分析し、国レベルでの災害管理のあり方について提言をおこなっている。Facebook の危機対応ページを活用した東南アジアでの事例をあげ、デジタルワールド（DW）と物理世界（PW）の両方で、供給（ヘルプの提供）と需要（ヘルプのリクエスト）と相互に関連する新しい緊急需要と供給の枠組みを提案している。

　第 6 章では、西垣が地方政府における災害時危機体制と情報伝達機能の例として京都府について検討している。まず、情報伝達手段の整備に関して、その多重化・多様化、迅速性に優れた設備の確保、様々な伝達手段間の連携などについて検討している。そして、災害時情報伝達の運用に関して、施設の点検や試験、防災従事者の安全確保、訓練、人材育成などに関して検討している。続いて、京都府や府下の市町村において、これらの課題に対応すべく行われた災害情報伝達手段の整備やその運用の改善について検討し、最後に、災害情報提供・収集や災害情報通達の先進事例を紹介し検討を行ってい

る。

　本書は、2015年から開始された龍谷大学社会科学研究所の指定プロジェクト「災害時情報伝達と政府政策モデル」の成果の一部をまとめたものであり、ここに社会科学研究所叢書第125巻として出版することができました。龍谷大学社会科学研究所の皆様には多大なる御支援と評価を頂き、感謝しております。

　また、入稿から出版まで辛抱強くお付き合いくださり、誠心誠意、編集作業とスケジュール管理をおこなっていただいた日本経済評論社の梶原千恵さんには心から御礼を申し上げます。

　2019年2月

編集・著者代表　西本秀樹

目次

はしがき　iii

第1章　概観：政府の災害時対策と情報伝達機能 ……………西本秀樹　1

  1.1　日本における災害時危機体制と情報伝達機能　1
  1.2　災害時におけるソーシャルメディアの役割　4
  1.3　国内におけるSNS事例　5
  1.4　情報システムの利用　15

第2章　地方分権と電子政府推進
　　　　　―行財政の効率化と市民とのコミュニケーション―……………西垣泰幸　23

  2.1　はじめに　23
  2.2　地方分権、行政の効率化と電子政府推進　24
  2.3　NPM改革と電子政府推進　38
  2.4　NPM改革と電子政府推進の現状とその評価　48
  2.5　電子政府推進の課題　57
  2.6　おわりに　62

第3章　政策情報と政策評価および地方行政の効率性に関する研究
　　　　　………………………………………………………………東裕三　67

  3.1　地方行政における政策情報と政策評価の重要性　67
  3.2　地方政府間のヤードスティック競争：
　　　先行研究の流れ　68
  3.3　労働者の努力水準を引き出すシステムの構築：
　　　Lazear and Rosen（1981）モデル　71
  3.4　ヤードスティック競争による垂直的外部性の内部化の可能性　78

3.5　おわりに　96

第4章　災害時伝達データの新たな管理方式…………根本潤・遠山元道　99

4.1　はじめに　99
4.2　防災・災害情報関連オープンデータの現状と課題　101
4.3　RTA: Remote Table Access　113
4.4　ToT: Tables on Top　117
4.5　おわりに　121

第5章　災害時情報伝達とその国際事例…Wong Meng Seng・西本秀樹　125

5.1　はじめに　125
5.2　予防、準備、対応、復旧モデル（PPRR Model）　126
5.3　災害時のソーシャルメディアの活用　128
5.4　Facebookの災害対応　130
5.5　ケースの分析　135
5.6　マレーシアの災害管理　136
5.7　結論　140

第6章　地方政府の災害時マネジメント
　　　　―京都府のケースを中心として―………………………西垣泰幸　143

6.1　はじめに　143
6.2　災害情報伝達手段の整備について　146
6.3　京都府の災害時情報連絡網の整備と災害情報提供　155
6.4　京都府における災害情報通達の先進事例　165
6.5　おわりに　168

第1章
概観：政府の災害時対策と情報伝達機能

西 本 秀 樹

1.1 日本における災害時危機体制と情報伝達機能

　日本においては、地震、火山噴火、津波などのほか、局地的集中豪雨や台風等によるさまざまな自然災害が多く発生している。これに対処するため、政府や各地方公共団体においては、平常時からもこれらの自然災害に対して対策を講じて、自然災害へ十分な対応をおこなうことが最重要課題となっている。これらの一環として、災害発生時の初期段階からの情報収集が求められる。従来からの気象情報、事故情報など公的機関によるものに加え、各種マスコミや報道機関など民間機関によるさまざまな情報の収集と発信がおこなわれている[1]。

　日本政府における災害危機管理体制は、国土交通省の白書が詳しく、国土交通省白書平成29年版[2]では、第二部第1章にて「東日本大震災からの復旧・復興に向けた取組み」が特集され、第7章「安全・安心社会の構築」で、自然災害対策についてまとめている。その中では、防災意識社会への転換、災害に強い安全な国土づくり・危機管理に備えた体制の充実強化、災害に強い交通体系の確保についてさまざまな提言がなされている。

　自然災害への対処として、ハザードマップ等の整備、防災気象情報の改善など、災害に結びつくおそれのある自然現象の予測、迅速な情報収集、災害時の施設点検・応急復旧、救助活動、被災自治体の支援等の初動対応体制を

構築している。さらに災害対応のさらなる迅速化・高度化を図るため、「統合災害情報システム（DiMAPS：Integrated Disaster Information Mapping System）」等を用いて災害初動期の情報収集・共有体制を強化するなど、災害対応力の向上に努めることを明言している。

　また、大規模自然災害が発生し、または発生するおそれがある場合において、被災状況の把握、被害の拡大防止、被災地の早期復旧、その他災害応急措置に対する技術的な支援を円滑かつ迅速に実施することを目的に、2008（平成20）年度に設置されたTEC-FORCE（緊急災害対策派遣隊：Technical Emergency Control-Force）による災害対応がある。また災害時の情報通信体制を確保するため、国土交通省、地方整備局、関係機関等の間で、マイクロ回線と光ファイバーを用いた信頼性の高い情報通信ネットワーク整備に加え、災害現場からの情報収集体制を強化するために衛星通信回線を活用した機動性の高いシステムを整備するなど危機管理体制の強化に努めている。

　TEC-FORCEの概要は次のとおりである：
　　○大規模自然災害への備えとして、迅速に地方公共団体等への支援が行えるよう、2008年4月にTEC-FORCEを創設
　　○大規模な自然災害等に際して、被災自治体が行う被災状況の迅速な把握、被害の拡大、二次災害の防止、早期復旧等に対する技術的な支援を実施
　　○国土交通省災害対策本部長の指揮命令のもと、全国の各地方整備局等の職員が活動
　　○国土交通省各組織の職員合計9,663名（2018〔平成30〕年4月現在）を予め任命

公共土木施設の災害復旧等では、2017（平成29）年の国土交通省所管公共土木施設（河川、砂防、道路、海岸、下水道、公園、港湾等）の被害は、7月の九州北部豪雨を中心とした梅雨前線にともなう大雨および台風第3号による豪雨、8月の台風第5号、9月の台風第18号および豪雨、10月の台風第21号および台風第22号など、全国的に災害が頻発したことにより、

約 4,237 億円（13,855 箇所）と報告されている。

　交通網の整備においては、多重性・代替性の確保等、道路防災対策、無電柱化の推進、鉄道などの各交通機関等における防災対策、災害に強い物流システムの構築をめざしている。

　国土交通省の防災に関する施策や、国民が災害から身を守るために事前に知っておくべき知識など必須の情報は、同省ホームページの「水管理・国土保全」ページ[3]より、分野別メニューをたどり「防災」リンクから参照ページを見ることができるが、一般市民にとって、このような有用な情報、データが省庁サイトの奥深いところに配置されていることには違和感がある。

　また、国土交通省以外の官庁では、内閣府が防災情報のページを設けたり[4]、気象庁（国土交通省の外局）が「災害から身を守ろう」と称し、膨大な災害（予測）データや特集サイトを上記国土交通省サイトとは別に設けている[5]。消防庁（総務省）も同様である[6]。また、地方の道路局や整備局でもさまざまな取組み、情報発信がおこなわれている。

　このように、国民からすれば必要な情報が散見しており、結局はテレビ、ラジオ、ネットニュースなどのメディア情報に頼らざるをえない。

　海外からの旅行者、駐在者に向けても、観光庁が、災害時における情報提供についてマニュアルや専用アプリを提供している[7]。一方、外務省は「災害に強い世界に向けた日本の支援」[8]を発信するなど、まとまりがなく、当事者にとっては、どこに信頼性、即時性の高い情報があるかわかりにくい。

　防災情報に限らず、国では「世界最先端 IT 国家創造宣言・官民データ活用推進基本計画」等に基づき、電子政府の実現に向けた取組みを行っている。なかでも、国・地方を通じた行政全体のデジタル化等、国民・事業者の利便性向上に大きく影響する施策については、「デジタル・ガバメント実行計画」（平成 30 年 1 月 16 日 e ガバメント閣僚会議決定）[9]に基づき政府全体で進めるべき取組みとして強力に推進しているが、縦割り行政の下、今後も一元化は難しいものと予想される。

1.2 災害時におけるソーシャルメディアの役割

　本節では、とくに国内におけるコミュニケーション・ツール、ソーシャルメディアの役割と実例を災害事例別に紹介する。

　ここ数年、市民によるソーシャル・ネットワーキング・サービス（SNS）を活用したリアルタイムの情報発信が、多くの事例が示すように、災害時にも有益となっている。これらSNSにより発信される情報は、災害現場やその周辺からの発信である場合や、災害発生直後、もしくは災害発生前後の時間経過に合わせてリアルタイムに発信されるなど、即時性を伴う精度の高い貴重な情報源になっている。SNSにより発信される情報を収集・分析し活用することで、市民に対する避難指示や被災者への支援等に関し、より効果的な対応に繋げることができると考えられる[10]。

　災害時における行政側からの情報発信は、災害情報共有システム（Lアラート）、防災行政無線、緊急速報メール、Webサイト（ホームページ）などの情報伝達手段が活用されているが、SNSを情報発信手段として活用することが情報拡散をさらに進めるために有効であると考えられている。

　地方の状況については、内閣官房情報通信技術（IT）総合戦略室（以下「内閣官房IT室」）が、地方公共団体における災害対応としてのSNS活用状況を把握するために実施した2014（平成26）年から毎年webサイト調査および電話またはメールによる聞き取り調査がある。また、2016（平成28）年のSNS（Twitter、Facebook、LINE、Google＋）および地域SNSの活用状況は、地方公共団体（全国市区町村）1,741団体のうち、1,029団体が公式SNSアカウントを保有し情報発信等に活用しており、そのうち全体の53.6％にあたる934団体が災害対応に活用していた（図1-1）。またこの調査を開始した2014年から着実に増加し、これら934団体の総人口は、わが国総人口の約81.5％に達していることから、国民の大部分がカバーされていると結論づけている。さらに災害対応用としている934団体のうち

図 1-1 災害対応としての SNS 活用状況

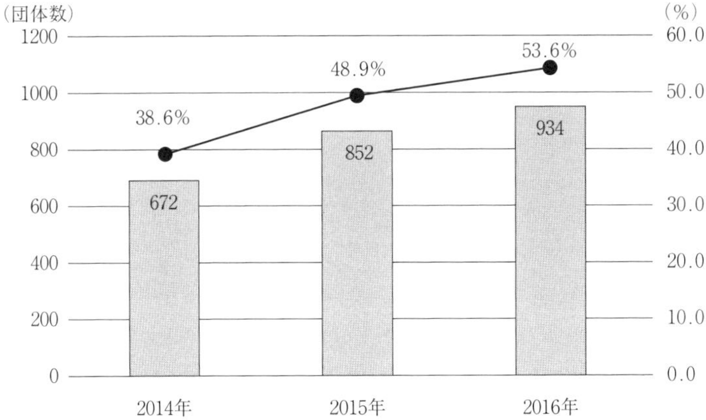

（団体数）
- 2014年：672（38.6%）
- 2015年：852（48.9%）
- 2016年：934（53.6%）

出所：内閣官房 IT 室作成。

927 団体は、情報発信のみの利用となっており、地方公共団体のうち 7 団体では、情報発信に加え災害時の情報収集としても活用している。また、現在情報発信のみに利用している地方公共団体のうち 106 団体では、情報収集への活用を検討している、または今後検討を予定するとのことである[11]。

1.3　国内における SNS 事例

災害時情報伝達プロセスにおいて、SNS が重要な役割を果たすことがわかってきたのは、国内では平成 7 年兵庫県南部地震（1995 年 1 月）以降のことである。本章では、それ以降の 2 つの発生地震と 1 つの台風被害に限定し、それらの事例をまとめる。

1.3.1　平成 23 年東北地方太平洋沖地震（2011 年 3 月）

2011（平成 23）年 3 月 11 日 14 時 46 分頃に、三陸沖太平洋を震源として発生した地震であり、地震の規模はマグニチュード（Mw）9.0 で、日本の観測史上最大規模であった。宮城県で最大震度 7 が観測され、1995 年の

兵庫県南部地震(阪神・淡路大震災)、2004年の新潟県中越地震以来、観測史上3回目となる。

この地震による被害は「東日本大震災」と呼ばれ、本震の地震動とそれに伴う津波、およびその後の余震は東北から関東にかけての東日本一帯に甚大な被害をもたらし、日本において第二次世界大戦後最悪の自然災害となった。また、国際原子力事象評価尺度で最も深刻なレベル7と評価された福島第一原子力発電所事故も併せて発生した[12]。

情報通信研究機構(2014)は「DISAANA(ディサーナ)」(DISAster-information ANAlyzer)と呼ぶ対災害SNS情報分析システムがWeb上に試験公開されている。DISAANAは、SNS(Twitter)に日本語のテキストとして投稿(ツイート)された市民からの災害関連情報を自動的に分析し、簡単な質問応答事例を出力することができる。たとえば「宮城県で孤立しているのはどこか?」といった質問に対する回答の候補を与えることができる。

図1-2 DASAANAの概要

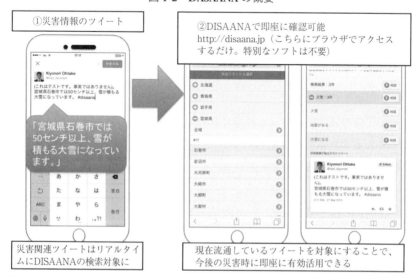

出所:独立行政法人情報通信研究機構。

Twitter 社から提供された東日本大震災直後の 1 カ月間（2011 年 3 月 11 日〜4 月 11 日）の投稿のうち、日本語の全ツイート約 6.5 億件を対象としたものである[13]。

　藤代、松下、小笠原（2018）では、災害時における情報トリアージの概念を提唱している。トリアージとは、限られた人的・物的資源の状況下で、最大多数の傷病者に最善の医療を施すため、傷病者の緊急度・重症度により治療の優先度を決めることである。医療から情報に応用し、限られた時間的制約の下で、意思決定や問題解決に有益な情報を効果的に峻別・整理する方法として捉えられている。この考えを災害時の情報管理に応用し、情報トリアージを「最善の救助・支援等を行うために、膨大で玉石混交な情報が流通し、かつ時間的制約がある状況で、情報の優先度を決めること」と定義し、ソーシャルメディアを大規模災害時の救助・支援活動に機能させるために、情報トリアージの必要性を唱えた。災害現場でのインタビューを実施し、ソーシャルメディアから救助情報を探すのは困難であること、消防機関では通常時には情報トリアージが機能しているが、大規模災害時にはソーシャルメディアの情報を含む膨大な通報が寄せられた結果、機能不全に陥っていたことや、ソーシャルメディア情報の整理を消防機関の活動と連携して行うことで、情報トリアージが機能し、情報爆発やデマといった課題を解決できる可能性があることが明らかになったとしている。大規模災害時の情報伝達ツールとしてソーシャルメディアを活用するために、ソーシャルメディア情報のみを対象に研究するだけではなく、実際に被災地での活動を調査し、連携する方法を検討することが重要であることを示している[14]。

　村上、伊川（2015）では、SNS（Twitter）のログ（通信記録）情報を元に、災害時の住民感情の分析をおこなっている。本文中に発言するランドマークによって位置情報を地域として把握し、その地域間を比較することによって、どの地域の住民が、災害に対しどのような感情を持っているのか推定可能であることを示した。一般に SNS における地理情報は住所そのものを記載しているものは少なく、ランドマークとして表されることが多い。その

ような情報の階層化による集約を実施することによって、地理情報を明確化する工夫をおこなっている。これら階層化はサンプルデータによるデモシステムをあらかじめ構築しておき試行することで、実際の精度を高める試行がなされている[15]。

　また、榎本、桑野、小池（2014）は、ソーシャルメディアが人々の行動にどのように影響を及ぼしたかを、帰宅行動の関連性分析として成果をまとめている。SNSによる発信情報は必ずしも信頼性が担保されるものではない。この研究では、災害時の避難行動を誘導する施策立案の立場から、東日本大震災時の東京都内で発信されたTwitterのテキスト情報と人口流動メッシュデータを用いた形態素分析を定量的におこない、両者に相関関係があることを示している[16]。

　河井、藤代（2013）は、東日本大震災の影響を受けて情報を求めることになった埼玉県、千葉県、東京都、神奈川県のインターネットユーザーを対象にWebアンケートを実施している。Twitterによる情報流通に「ネットだけのつながりの人（非有名人）」や若年層が大きく関わっていることを明らかにし、「安否情報」に加えて、位置情報と関係が深い「交通機関運行状況」、「避難所」、「各種店舗・サービス・営業所営業状況」といった情報についてはソーシャルメディアの利用がさらに高まり、幅広い災害情報を入手できる重要なメディアになっていく可能性があること、さらに、災害情報を受信する際の媒体の使い分けとして、1体1型と1対n型のメディアの境界線を溶かし、相関的な関係になっていくことが考えられると指摘している。さらに、これまでのブログ研究は知人ブログで日常的なコミュニケーションを行うことで人間関係を維持し、Twitterでは、友人・知人といった身近な人、タレントなど有名人、公的機関という3つの対象から情報を受信するとされていたが、本研究では、年齢を問わず「ネットだけのつながりの人（非有名人）」から災害情報を得た割合が最も高く、Twitterにおいては、インターネット上の有名人でも、リアルな知人でもなく、ネットでつながっている人が情報流通に大きな役割を果たしていることが明らかになり、ブログ

の情報受信との違いを指摘している[17]。

　山口、彌永（2016）では、災害時のデマの拡散について触れており、熊本地震では、熊本市の動物園からライオンが脱走したという嘘の情報が写真付きで Twitter に投稿された事例、避難所になっている小学校で、100 キロの肉を焼いて無料提供するという事実無根の情報が拡散し、小学校に問い合わせが殺到した事例が紹介されている。デマが拡散される条件として、事柄が重要、曖昧、不安が伴うものであることをあげている。また行き過ぎた不寛容さをあげており、寄付の表明や安否情報の発信等、あらゆることに対して「不謹慎」と批判・誹謗中傷がつく不謹慎狩りがその例である。ブログの更新をやめる人も現れ、大災害で不安を抱えると、通常より攻撃的になることがあることは知られており、ソーシャルメディア上では誰もが平等に発信力を持っていることから、一部の不謹慎と感じる者の声を本人に直接届けるツールとなってしまっているといえると指摘している[18]。

　小川ら（2013）は、東日本大震災におけるログデータをもとに、災害時におけるソーシャルメディア間の話題の比較分析をおこない、個人ユーザアカウントでは、地震情報や食品・物資、放射能などの話題、地域アカウントでは、避難情報、交通情報、外部災害情報サイトなど被災地に特化した投稿がされている傾向にあるとの指摘をおこなっている[19]。

1.3.2　平成 28 年熊本地震（2016 年 4 月）

　2016（平成 28）年 4 月 14 日 21 時 26 分頃に熊本県熊本地方の震源の深さ 11km、マグニチュード 6.5 の地震が発生し、最大震度 7 を記録した。さらに、約 28 時間後の 4 月 16 日 1 時 25 分頃に同地方で震源の深さ 12km、マグニチュード 7.3 の地震が発生し、再度震度 7 を記録した。気象庁は、熊本県を中心とする一連の地震活動を「平成 28（2016）年熊本地震」と呼ぶ。

　以下、内閣官房（2017）より引用する。情報収集での活用では、熊本県熊本市の事例がある。市内各地域の被災状況（漏水箇所）を迅速に特定する

ため、熊本市長が自身のTwitterアカウントから市民に対してツイートを発信し、周辺の被災情報を同Twitterへのリツイートや電話での募集に活用した。情報発信においては、平常時に熊本市の魅力を発信するために使用しているFacebookの公式アカウントを使用し、発災直後は、地震（揺れ）に起因した災害の種類に係る注意喚起を中心とした情報を発信し、その後、避難所の開設、診療中の医療機関、罹災調査等生活再建支援等に係る情報を発信している。また、外国人への対応として、発災後2日目には避難所の開設に係る情報を英語で発信、以後2週間で合計3回の英語による情報を発信している。

大分県日田市では、平常時に行政情報一般を発信するために使用しているFacebookの公式アカウントにおいて、災害時の緊急情報を発信していることを閲覧者に印象付けるため、トップページのデザインを変更した。また佐賀県武雄市では、平常時に行政情報一般を発信するために使用しているFacebookの公式アカウントにおいて、災害時の緊急情報を発信していることを閲覧者に印象付けるため、緊急情報の最初の発信や支援情報発信の際、目立つタイトルを添付した。地方公共団体による発信実績としては、震度6弱以上の地震が発生した熊本県下の地方公共団体のうち、SNSにより災害関係情報を発信した6団体について、4月14日21時36分に発生した前震以降、4月27日までの2週間における発信実績を以下のとおり取りまとめた。前震が発生した当日（4月14日）は夜間にもかかわらず、SNSの公式アカウントを有する6団体において情報を発信。なお、八代市を除く5団体に関しては、1日の平均発信数は概ね3、4回であった（表1-1、図1-3）。

発信内容に関しては、発災直後は注意喚起と避難所の開設情報、発災翌日は道路の警戒情報や停電・断水に関する情報等を多数発信。なお、3日目以降は、食料や支援に関する情報や避難所入所における留意点に関する情報の発信が増加したほか、特記事項に関する情報（例えば、避難所入所に際してのペット同伴に関する事項や、避難所や避難所の駐車場が満杯であること等）も発信している。地方公共団体担当者による考察として、災害発生後、

表 1-1　熊本県下の地方公共団体における SNS 発信状況

	種類	FB	FB,TW,LINE	FB	FB	TW	FB
月日	日数	熊本市	八代市	宇土市	阿蘇市	合志市	御船町
4月14日	1	5	9	2	1	1	1
4月15日	2	4	11	4	1	9	22
4月16日	3	7	46	8	6	3	2
4月17日	4	0	15	8	3	10	4
4月18日	5	1	18	8	9	9	3
4月19日	6	2	34	2	7	2	8
4月20日	7	1	18	4	2	0	1
4月21日	8	1	15	11	6	4	8
4月22日	9	1	9	2	2	5	6
4月23日	10	0	9	1	0	1	2
4月24日	11	0	3	1	1	0	4
4月25日	12	6	11	0	4	1	3
4月26日	13	2	6	0	0	2	3
4月27日	14	2	7	0	1	1	0]
合計		32	211	51	43	48	67
平均		2.29	15.07	3.64	3.07	3.43	4.79

出所：内閣官房 IT 室作成。

図 1-3　熊本地震　被災自治体の SNS 投稿回数

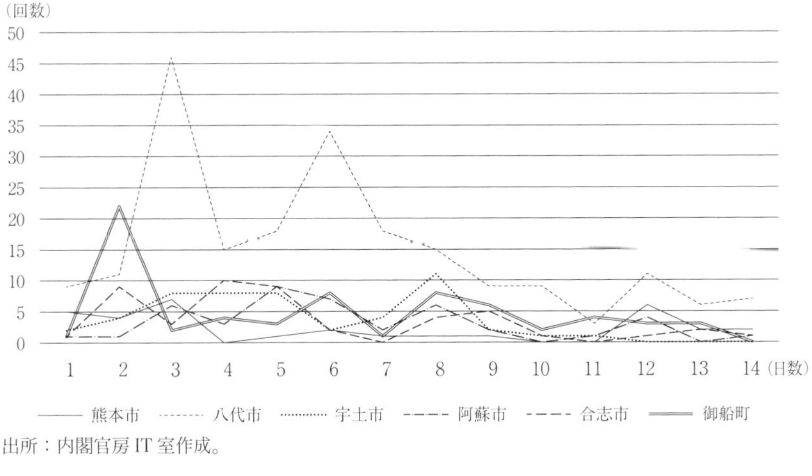

(回数)

凡例：熊本市　八代市　宇土市　阿蘇市　合志市　御船町

出所：内閣官房 IT 室作成。

2か月以上が経過した時点（6月中旬から7月上旬）において、各地方公共団体の担当者に対し電話等により、熊本地震におけるSNS活用に関する留意点について聞き取り調査をしたところ、次のような意見が出た。

- 市民からは、発災後の地方公共団体からのSNS発信に対して、単に被害状況や支援状況を示すのみの情報よりも、市民が取るべき具体的な行動等を示した情報発信をして欲しいという要望が多数寄せられた。例えば、「〇月〇日現在××避難所には△人入所」や「××道路が通行止」ではなく、「現在どこの避難所では受け入れが可能であるのか」、「現在どの道路が通行可能なのか」等。
- 情報量が少ないものの頻繁に発信される情報については、市民にとって、次第に閲覧意識が下がる傾向が見受けられたため、頻繁な発信は必ずしも有効ではない場合がある。
- SNS自体が地方公共団体自ら運営するホームページ（Webサイト）への誘導手段となっているにもかかわらず、当該ホームページが携帯端末で閲覧するには適していないデザイン（スタイルや画面の大きさ等）であった場合、市民にとっては携帯端末上での情報検索等の操作性が悪くなることから、必要な情報については要点も合わせてSNSで発信することも有効と思われる[20]。

身近なWeb発信では、銭湯・奥の細道（東北の銭湯巡り）サイト[21]が、一般市民の目で地震・災害時の「正しい情報」の見極め方とSNSの活用方法をわかりやすく示している。熊本地域における銭湯等入浴施設情報を公開し、多くの市民が活用した。それらの事例から災害時の正しい情報の見極め方、どこの情報を信じればよいかの判断基準、ネットの活用方法について考察している。

1.3.3　平成 28 年台風第 10 号（東北・北海道豪雨災害）（2016 年 8 月）

2016（平成 28）年の 11 番目（後述）に発生した台風であり、日本の南で複雑な動きをした台風である。数日間、西寄りの進路を通った後、東寄りに進路を変え、北上し、8 月 30 日 18 時前に岩手県大船渡市付近に上陸。1951（昭和 26）年に気象庁が統計を取り始めて以来初めて東北地方の太平洋側に上陸した。北海道、東北地方で甚大な被害が出た。死者 26 人、行方不明者 3 人、負傷者 14 人、住宅の全壊 518 棟、半壊 2,281 棟、一部破損 1,174 棟、床上浸水 279 棟、床下浸水 1,752 棟。

内閣官房（2017）によれば、岩手県宮古市では、平常時に行政情報一般を発信するために使用している Twitter の公式アカウントおいて、災害情報を積極的に発信。特徴的な点としては、防災行政無線で発信した内容を目視でも確認が可能となるよう、当該 Twitter にて文字情報として発信している（表 1-2、図 1-4）。

また、北海道南富良野町では、平常時に南富良野町等に関する情報を発信するために使用している Facebook の公式アカウントにおいて、災害情報を積極的に発信。特徴的な点としては、テキスト情報の発信のほかに、町役場等に貼り出された紙（貼り紙）の災害関係情報等を写真に撮影し画像データとして発信することにより、文字入力の簡素化と閲覧者の視認性向上を図るとともに、SNS ダッシュボードにおける画像検索も可能とすることにより、SNS を利用する者の目に留まる可能性を広げ閲覧数拡大を図った。また、過去に発信した情報に関し、状況の変化に応じ完了（終結）した事象については、適宜削除等の告知も配信している。地方公共団体による発信実績としては、台風第 10 号が上陸した岩手県および北海道下の地方公共団体のうち、SNS により災害関係情報を発信した 3 団体について、同台風が東北地方に上陸が予想され注意報が気象庁等から発出された 8 月 29 日から 9 月 11 日までの 2 週間における発信実績がある。発信状況については、気象庁の予報により、事前に当該台風の接近が上陸前から予見されていたことから、岩手県下 2 団体では当該台風の東北地方上陸（8 月 30 日）の前日（8 月 29

表 1-2　岩手県・北海道下の地方公共団体における SNS 発信状況

月日	種類 日数	TW 久慈市	FB 宮古市	FB 南富良野町
8月29日	1	1	1	0
8月30日	2	16	10	0
8月31日	3	16	18	0
9月1日	4	15	11	4
9月2日	5	12	12	5
9月3日	6	19	3	5
9月4日	7	21	11	4
9月5日	8	10	11	3
9月6日	9	20	10	1
9月7日	10	14	6	2
9月8日	11	18	8	3
9月9日	12	16	15	2
9月10日	13	10	4	3
9月11日	14	6	2	3
合計		194	122	35
平均		13.86	8.71	2.50

出所：内閣官房 IT 室作成。

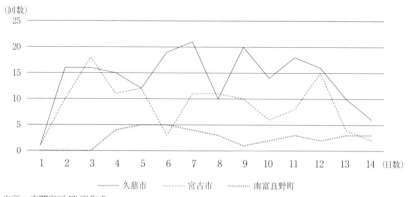

図 1-4　平成 28 年台風 10 号 東北・北海道豪雨被災自治体の SNS 投稿回数

出所：内閣官房 IT 室作成。

日）から注意喚起に関する情報を発信。また、当該台風は非常に多い降水をもたらしたことから、台風通過後も河川の増水による越水または溢水した期間中も警戒・注意情報や被害状況等に関する情報を多数発信している。

　特に、夜間に災害が発生したことにより被害拡大の状況が視認できないことから、岩手県下2団体では、1日10件以上の発信を継続的に実施している。発信内容に関しては、台風上陸から3〜4日間は各地において時間差で河川の増水、土砂崩れ、土石流等が発生し被害状況の把握が困難であったことから、情報共有のため被害状況に関する情報発信を継続的に実施するとともに、道路警戒情報や交通機関の運行情報も頻繁に発信している。その特徴は、当該台風による被害に関しては、地方公共団体によって地勢条件や人口規模等が異なることから、発信内容についても違いが散見されたことである。3団体とも支援に関する情報の発信数が上位を占めるものの、久慈市では復旧のためのゴミ処理に関する情報の発信数が全体の3割近くを占め、同市における発信数トップであった。宮古市および南富良野町では、交通機関（バス・鉄道）の運行状況の発信数がともに全体の20％以上であった。久慈市および宮古市では、清掃やごみ処理を行う際の感染症対策などの注意喚起がされたほか、市長や同団体から市民向けに復興・復旧に向けた励ましのメッセージ等も数回発信されるなど、地方公共団体の発信としてはこれまでにあまり見受けられなかった発信が実施された[22]。

　これらの論点については、第6章で地方政府の災害時マネジメントの詳細例として、京都府の現状と今後の課題を紹介し、第5章では、災害時情報伝達とその国際事例としてマレーシア政府の例を示している。

1.4　情報システムの利用

　白井、畠山、福山（2012）は、地域コミュニティにおける災害時の活動に防災情報システムを利用することが有用と考え、情報システムを用いた安否確認に着目している。安否確認の重要性やその方法、問題点について整理

し、GIS（Geographic Information System、地理情報システム）を用いた事例とリスト状のテキストデータを作成する簡易ツールを用いた事例を扱っている。機能としては、安否のチェックを簡単ツールで起動し、QRコードやメニュー選択から入力し、互いの安否を確認し合うシステムである。研究対象地域は三重県大紀町野原区で、地元の防災訓練で用いた事例を紹介している[23]。

また、佐藤、泉、仲谷（2013）は、災害時に被災者が欲しい情報として、「安否情報」80％、「被害状況」71％、「避難場所」68％、「今後の見通し」58％、「交通情報」57％、「天候情報」40％というアンケート結果に基づいて、災害発生時に高齢者が災害に関する有益な情報を取得できるシステムを目指している。また普段からSNSを利用する高齢者を対象として、同じ操作感でSNSを操作することで、災害情報を取得できる手法を提案している。システムはJavaScriptとGoogle Maps APIを用いてWindows PC上に実装した事例を扱った[24]。

安藤、畑山（2011）は、行政機関内、行政機関から市民への情報伝達を対象とした情報システムの障害原因分析手法の検討と分析を基にした、信頼性の高い情報システム構築のための仕組みを作ることを提案している。特に、適切な意思決定のために最も情報が必要とされる発災後3日間において確実な情報伝達がおこなわれる仕組みである。情報不足と被害発生の関係のモデル化から情報不足問題が発生する原因を9つに分類することで問題を構造化し、実際の対応業務を検証した新潟県見附市のケースを用いて問題への対応策を分析、障害原因分析手法の提案をした。

丸ら（2016）は、SNSに基づくネットワーク障害検知システムの設計と試作をおこなうことで、SNSデータの解析により、通信障害を高精度で検知し、効率的なエリア復旧のための地域ごとの優先度を決定できることを示した。またSNSに基づく障害検知をネットワーク制御に統合することで、SNSによる集合知に基づき、ネットワーク制御を自動的/自律的におこなえることを提示している。

深津（2014）は、災害時の知的・発達障害者に対する情報支援に関する調査をしている。アンケート調査の結果から、印刷物を音声読み上げできる電子ブックであるマルチメディアデイジー版「自閉症の人たちのための防災・支援ハンドブック」[25]は、ダイジェスト版の提供や、防災教育への活用事例の紹介により利用が促されることを提唱している。

南、加藤（2017）は、災害時にSNSを介した避難所の混雑情報の交換がおこなわれることを想定し、その行為が都市全体の避難の効率にどのような影響を及ぼすかを、避難者と避難所をエージェントとするマルチエージェントシミュレーション（Multi-agent Simulation、MAS）により検討している。

有冨（2017）は、災害初動期の断片的な情報（リーフ情報）を能動的情報と受動的情報に分類した。FAX複合機のネットワークデータ送信機能、メールのヘッダー、地理空間情報と写真情報の位置座標を活用して位置的な空間分布、時間分布を集約し、最も深刻な状況になっている地域を絞り込むことが、初動期の早期情報把握、早期判断、早期対応に有効であることを示した。国の職員だけでなく、自治体、民間企業、報道、一般市民からの情報も、蓋然性の高い情報については積極的に活用し、大規模災害発生直後に重要な意思決定を迅速におこなうことが可能になると考えられる。そのために、既存のメールシステムに「位置情報」を追加して電子地図に統合できるよう規格化することで、この課題を解決できる可能性があることを見いだしている。

被災地方自治体のみでは必要な物資量を迅速に調達することが困難な場合、発災当初は被災地方自治体において正確な情報把握に時間を要すること、民間供給能力が低下すること等から、国が被災地現地からの詳細な被害情報や被災府県からの具体的な要請を待たないで、避難所避難者への支援を中心に必要不可欠と見込まれる物資を調達し、被災地に物資を緊急輸送しており、これをプッシュ型支援と呼ぶ[26]。きっかけは2011年の東日本大震災である。当時、自治体の庁舎や職員の多くが被災し、避難所で必要な物資や数量が把握できなかったり、被災者に物資が十分行き渡らなかったりしたため、これ

を教訓に、熊本地震で初めてプッシュ型を実施している。農林水産省は2018年7月8日以降、倉敷市真備町にパン6千食、岡山県矢掛町に水や乾パン、ビスケットなど2千食、広島県にパン4万8千食、愛媛県にパックご飯などを送っている。経済産業省は、岡山、広島、愛媛の各県の避難所などにクーラー約280台を送った（図1-5）。しかし、プッシュ型は被災直後の混乱期を乗り切るための措置である。過剰に届いたりミスマッチが生じたりし、早い段階で被災地の求めに応じて物資を届ける「プル型支援」に切り替える必要がある[27]。

このように、被災地とそれを支援する国、地方との間には情報格差があり、それを観察し、調整しながら、支援体制をリアルタイムに変更する必要がある。

図1-5　物資輸送のイメージ

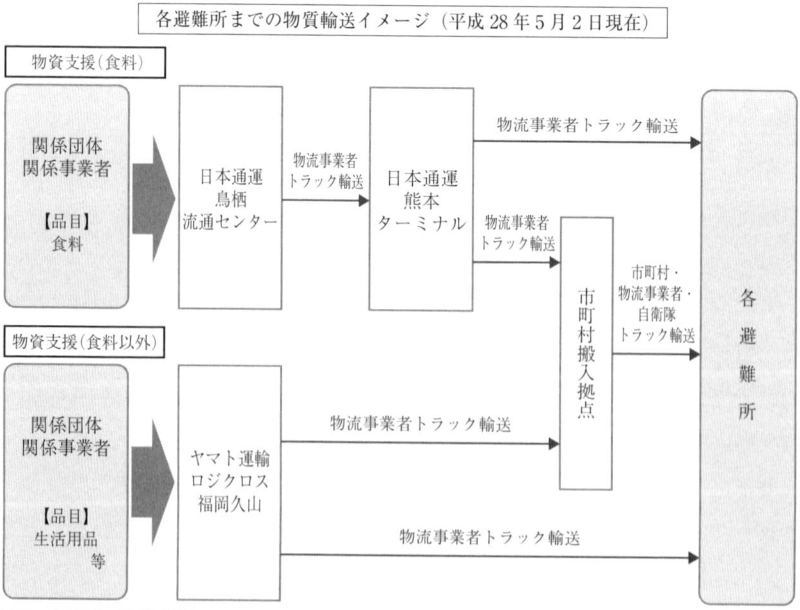

各避難所までの物質輸送イメージ（平成28年5月2日現在）

物資支援(食料)					
関係団体 関係事業者【品目】食料	→	日本通運 鳥栖 流通センター	物流事業者 トラック輸送 →	日本通運 熊本 ターミナル	物流事業者トラック輸送 → 各避難所
				物流事業者トラック輸送 →	市町村搬入拠点 → 市町村・物流事業者・自衛隊トラック輸送 → 各避難所
物資支援(食料以外)					
関係団体 関係事業者【品目】生活用品等	→	ヤマト運輸 ロジクロス 福岡久山	物流事業者トラック輸送 →	市町村搬入拠点	
			物流事業者トラック輸送 → 各避難所		

出所：内閣府、防災情報のページ。

注
 1) 内閣官房（2017）から引用している。
 2) 国土交通省（2017）を参考。
 3) 国土交通省ホームページ＞政策・法令・予算＞水管理・国土保全に詳述されている。
 4) 内閣府のホームページ＞防災情報のペーン参照。
 5) 気象庁のホームページ＞災害から身を守ろう参照。
 6) 総務省消防庁のホームページ＞災害情報参照。
 7) 観光庁ホームページ＞2014年報道・会見より。
 8) 外務省ホームページ＞外交政策＞ODAと地球規模の課題＞防災より。
 9) IT本部・官民データ活用推進戦略会議（2017）を参照されたい。
10) 内閣官房（2017）から引用している。
11) 内閣官房（2017）に詳しい記述がある。
12) 気象庁発表、平成23年（2011年）東北地方太平洋沖地震～The 2011 off the Pacific coast of Tohoku Earthquake～。
13) 内閣官房（2017）から引用している。
14) 藤代ら（2018）に詳しい記述がある。
15) 村上他（2015）に詳しい記述がある。
16) 榎本、桑野、小池（2014）に形態素分析手法の詳しい記述がある。
17) 河井、藤代（2013）を参照されたい。
18) 山口、彌永（2016）の事例を参照されたい。
19) 小川他（2013）に詳しい説明がある。
20) 内閣官房（2017）から引用している。
21) 「銭湯・奥の細道サイト」を参照されたい。
22) 内閣官房（2017）から引用している。
23) 白石他（2012）に詳しい記述がある。
24) 佐藤他（2013）を参照されたい。
25) 丸他（2016）に事例紹介がある。
26) 内閣官房、防災のページより。
27) 朝日新聞デジタル、2018年7月18日「国のプッシュ型支援、被害直後は歓迎でもミスマッチ」。

参考文献
有冨孝一（2017）「大規模災害発生時における地理空間情報の活用による災害情報の共有」『平成29年度近畿地方整備局研究発表会論文集新技術・新工法部門』No. 20, pp1-6.
安藤恵、畑山満則（2011）「災害時における情報システムの障害分類と分析手法に関

する一考察」FIT2011（第 10 回情報科学技術フォーラム)、pp. 127-132（第 4 分冊)。

臼井真人、畑山満、福山薫（2012）「地域コミュニティでの情報システムを用いた安否確認に関する研究」『地域安全学会論文集』No. 16。

榎本甫、桑野将司、小池淳司（2014）「災害時のソーシャルメディアと帰宅行動の関連性分析」『土木学会論文集 D3（土木計画学)』Vol. 70, No. 1, 102-112。

小川ほか（2013）「災害時におけるソーシャルメディア間の話題の比較分析」『情報処理学会研究報告、知能システム（ICS）2013-ICS-170（7)』1-5。

河井孝仁、藤代裕之（2013）「東日本大震災の災害情報における Twitter の利用分析」『広報研究』第 17 号、pp. 118-128。

久保他（2015）「学生災害ボランティア支援に向けて」『ISFJ2015 政策フォーラム活動報告書』

国土交通省（2017）「国土交通省白書平成 29 年版。

佐藤利紀、泉朋子、仲谷善雄（2013）「日常的に利用する SNS をベースとする災害時情報システムの提案」『高齢者対応』情報処理学会第 75 回全国大会 4-785, 786。

内閣官房情報通信技術（IT）総合戦略室（2017）『災害対応における SNS 活用ガイドブック』。

藤代裕之、松下光範、小笠原盛浩（2018）「大規模災害時におけるソーシャルメディアの活用――情報トリアージの適用可能性」『社会情報学』第 6 巻 2 号 p. 49-63。

丸千尋、榎美紀、中尾彰宏、山本周、山口実靖、小口正人（2016）「大規模災害時におけるネットワーク制御のための SNS による集合知に基づいた障害検知システムの構築と評価」DEIM Forum 2016 E7-4。

南貴久、加藤孝明（2017）「SNS を介した混雑情報の交換行動を考慮した動的な避難所選択行動シミュレーション」『オペレーションズ・リサーチ』8 月号、pp. 507-514。

村上明子、伊川洋平（2015）「Twitter を用いた災害時の住民感情の分析」第 7 回データ工学と情報マネジメントに関するフォーラム、C7-4。

山口真一、彌永浩太郎（2016）「災害時のソーシャルメディア活用と課題―民間サービス・教育・マスメディアの変革による解決を―」GLOCOM OPINION PAPER、No. 6。

IT 本部・官民データ活用推進戦略会議（2017）デジタル・ガバメント推進方針。

日本の省庁ホームページより：

 外務省ホームページ＞外交政策＞ODA と地球規模の課題＞防災

 観光庁ホームページ＞2014 年報道・会見

 気象庁のホームページ＞災害から身を守ろう

 国土交通省ホームページ＞政策・法令・予算

 総務省消防庁のホームページ＞災害情報

 内閣官房ホームページ＞防災のページ

内閣府のホームページ＞防災情報
その他の参照ホームページ：
　朝日新聞デジタル、2018 年 7 月 18 日「国のプッシュ型支援、被害直後は歓迎でもミスマッチ」。
　銭湯・奥の細道　（東北の銭湯巡り）サイト。

第2章
地方分権と電子政府推進
― 行財政の効率化と市民とのコミュニケーション ―

西垣 泰幸

2.1 はじめに

　1980年代以降、経済社会の国際的な自由主義・民主主義の一層の進展と政府部門の効率化の潮流の中で、地方分権改革の動きが世界各国に広がった。日本においては、主に1990年以降の地方分権化政策により、政策権限と税・財源の地方政府への委譲が行われた。これにより、地方分権の本旨である住民のニーズに合致した地方政府独自の政策を実行する基盤は、未だ十分とは言えないまでも、一通り保証されるに至った。中央政府の財政赤字が大きな問題とされる中で、地方財政システムの効率化を図り、住民の満足度を改善するためには、住民ニーズに合致した公共財・サービスを、効率的なコストで、効果的に提供することが求められている[1]。

　地方分権の優位性として多くの要因が議論されてきたが、その中心は多数の地方政府による分権的な意思決定による、住民の公共財・サービスの多様なニーズへの対応の可能性や、生産要素や課税ベースの地域間の移動可能性を背景とした地方政府間の政策競争を通じた公共財・サービス供給の効率化や、住民の満足度向上への努力などである。本章の目的は、地方分権の進展において、近年急速に発展しているIT技術やそれを応用した電子政府の推進が、地方分権の実現にいかに貢献するのかを検討することである。以下では、地方分権の推進の経緯と成果に対して、ほぼ同時期に進められた電子政

府推進の政策やその成果がどのように寄与してきたのかを、中央政府や地方政府の政策、地方分権と電子政府の歩みとそれらの相乗関係、その成果の評価や国際比較などを通して検討する。

また、多くの国々において地方分権推進の大きな指針となった「新しい公共経営（New Public Management）」の考え方やその浸透は、地方分権の進展とその成果に対して大きな意義を持っている。そして、NPM の推進のために、電子政府推進や行政の IT 化は、有効な手段の一つとなった。このような観点から、ここでは、地方分権の推進と NPM に基づく行財政改革の進展、そして電子政府整備や推進の政策の相互依存的な発展と経緯、成果の観点から検討を進める[2]。あわせて、電子政府の重要な役割の一つであり、また、近年特に注目されている大震災時の電子政府による情報提供や情報収集についても検討を行う。

2.2 地方分権、行政の効率化と電子政府推進

2.2.1 財政の構造と地方分権への動き

地方分権の意義とその必要性を理解するためには、まず、1国全体の財政構造と地方政府の役割の観点から見る必要がある。政府部門は、中央政府と都道府県、市町村の3段階の政府から成り立っている。これらの政府間の役割・機能分担を見ると、まず、地方政府には便益の及ぶ範囲が一定の地域に限定されるような地域密着型の地域公共財・サービスを供給することが期待されている。また、所得分配や景気安定の機能は基本的には中央政府が全国的な基準に基づき行うが、地方政府が社会保障の当該地域における窓口としての機能を果たしているとともに、景気対策のための公共事業を中央政府の補助事業として実施することがある。さらに、地方政府が中央政府の基準を超える独自の再分配政策を行ったり、地方における独自の公共事業の増加を奨励することにより景気対策の効果を増大させることもある。

このような観点から、中央政府と地方政府の租税収入と財政支出の配分を

図 2-1　日本と先進諸国の国税・地方税収の割合

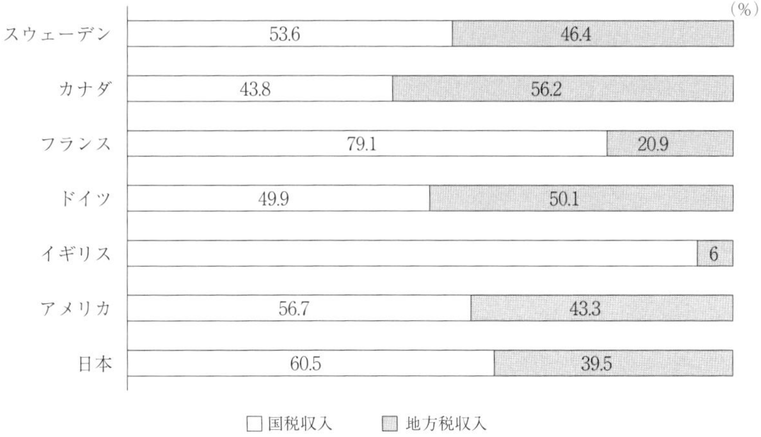

	国税収入	地方税収入
スウェーデン	53.6	46.4
カナダ	43.8	56.2
フランス	79.1	20.9
ドイツ	49.9	50.1
イギリス		6
アメリカ	56.7	43.3
日本	60.5	39.5

(%)

出所：吉野国税庁（2017）より作成。

検討しよう。図2-1はわが国と先進諸外国の国税・地方税比率を取ったものである。わが国の租税収入の側面から見た中央政府と地方政府の割合は約6：4となっている。地方政府の税収シェアは、アメリカと比較すると若干低くなっているが、ドイツ、カナダ、スウェーデンなどの諸国は約50％となっていて、わが国より高くなっている。

ところが、歳出の側面を見ると、中央政府と地方政府間のさまざまな移転を調整した歳出純計は約4：6となっており、税収比率との逆転現象が見られる。このような税収と歳出のギャップを埋めているのが中央政府から地方政府へのさまざまな財源移転である。それには、使途が限定されていない一般補助金としての性格を持つ地方交付税と、使途が限定されている国庫支出金があげられる。このうち地方交付税は、国税3税と呼ばれる所得税、法人税、酒税などの一定割合を、地方政府が行政サービスを行うため必要な財政需要（基準財政需要）とその政府の税収（基準財政収入）との差額に応じて交付されるものである。また、国庫支出金は、地方政府が行う特定の事業の財源の一部として交付されている。

図 2-2 中央政府と地方政府の財政関係

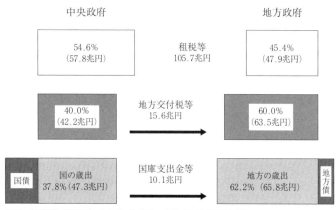

出所:総務省 (2018) より作成 (データは 2016 年度決算)。

このような財源移転の意義は、単に、強い徴税力を持つ中央政府が地方政府に対して税収を移転していることにとどまらない。地方政府の財政力には著しい格差があるが、このような格差は財政力指数(基準財政収入／基準財政需要)により示される。2016 年の財政力格差を示しているのが表 2-1 である。そこでは、財政力指数が 0.5 を下回り、著しい税収不足に悩む県が多数存在することがわかる。また、市町村については、さらに深刻な税収不足に悩む自治体が多数存在している。財源調整制度は、このような財政力格差を是正し、各地域に一定水準の行政サービスの供給を可能とする重要な手段となっている。その一方で、かつて地方政府の供給する行政サービスの中には、中央政府が供給すべき行政サービスを代行するもの(機関委任事務)があり、また、国庫支出金が対象とする事業の補助率が年々低下するかたわら補助事業件数は減少せず、補助

表 2-1 財政力指数

順位	都道府県	財政力指数
1	東京都	0.93
2	愛知県	0.92
3	神奈川県	0.92
4	千葉県	0.76
5	埼玉県	0.76
6	大阪府	0.74
16	京都府	0.55
17	滋賀県	0.53
43	沖縄県	0.30
44	秋田県	0.28
45	鳥取県	0.24
46	高知県	0.23
47	島根県	0.23

出所:総務省 (2018) より作成。

金を通した中央政府による地方政府のコントロールが問題とされてきた。

1990年代以降、わが国経済が高い水準に到達し成熟化するにともなって、各地域の住民の公共財・サービスに対する需要は多様化し、高度化してきた。それらは、都市の交通基盤、高齢者のための介護施設、バリアフリー化など多面的な方面におよんでいる。このように、ナショナルミニマムとしての公共サービスの需要を超え、各地域が各地域に見合った公共財・サービスを選択して供給することが必要となってきた。また、公共財・サービスは、それぞれの地域で自主的に供給することにより、住民の選好と地域のニーズをよりよく反映することもできる。このような観点から、公共サービスの財源と権限を地方政府に委譲し、地方政府の主導権により地域の公共サービスを供給し費用を負担するという地方分権の必要性が高まった。

2.2.2　地方分権改革の推進

戦後の経済社会の民主化の中では、集権的な中央政府が国家集権的な政治体制の原因のひとつと考えられた。また、アメリカ的な財政思想の導入にも影響されて、「地方分権は民主主義の学校」という考え方のもと、集権的な行政に終止符を打ち、戦後民主主義を推進する動きが見られた。

ところが高度成長期においては、均衡ある国土の発展や福祉の充実、ナショナルミニマムの実現などのため、国の地方自治体に対する関与や規制が強められてきた。地方は国の下部組織とみなされ、中央政府が決定した政策の実施のための下部組織と捕らえられた。その典型例が「機関委任事務」であり、国が決定した政策を地方自治体が委任を受けて実施するものである。かつては、都道府県の仕事の8割、市町村の仕事の5割を占めたといわれている。その例としては国民保険料の徴収事務、パスポート事務などがあった。

(1) 第1次分権改革：1990年代の地方分権への動き

1990年代になると、先進諸外国で盛んに取られた供給サイド重視の政策がわが国でも採用されるようになり、その一環として中央政府の規制の緩和、

地域経済の活性化が、中央政府の財政赤字累積に対する小さな（中央）政府への動きとともに取られるようになる。1995年には、「地方分権推進法」が国会で議決され、「地方分権推進委員会」が発足した。そして1996年には中間報告として、①地方の自己決定、自己責任の拡充、②国と地方の関係を、「上下・主従」から「対等・協力」へと転換する、③事務事業の権限委譲、機関委任事務の見直しと国の関与の・規制の縮小、廃止をすすめる、等の方針が示された。

(2) 地方分権一括法（2000年4月施行）

続いて、1999年には地方分権一括法が成立し、翌年より施行された。中央集権の象徴ともされた機関委任事務が廃止され、「自治事務」と「法定受託事務」に仕分けされた。自治事務とは地方の裁量が認められた事務事業であり、法定受託事務とは国が地方自治体に執行を委任する形態の事務事業である。また、国の関与について、基本原則として、法律的な根拠を必要とする「法定主義」と、必要最小限の関与とする「最低限の保証」を実施するようになった。

地方分権一括法の主な内容としては、①市町村税への制限税率の撤廃と法定外普通税の許可制から議制への移行、②法定外目的税の創設が認可制から協議制へと変更された、③地方債の発行が許可制から協議制へと変更された（2006年度より）こと、④機関委任事務の廃止、⑤国・地方協係争処理委員会の設置、などがあげられる。

(3) 地方分権一活法案の成果と課題、第二次分権改革

地方政府の課税権や公債発行に関する規制緩和が進むとともに、かつては都道府県の仕事の8割、市町村の仕事の5割を占めた機関委任事務の廃止により、地方政府独自の業務プロセスの構築や効率化への取り組みが可能となった。これにともない、行政の業務プロセス改善の取り組みも進められるにいたった（榎並、2004）。ところが、自治事務に対する国の規制が依然と

して残され、自治体の実効的な裁量権が保証されない事務事業が残されていた。

また、地方分権を支える地方の独自財源の保証の観点からは、地方政府の国の財政移転への依存は解消されることなく、道路や公共施設の建設については、補助金の対象事業として地方が補助金を通じた実質的なコントロールを受けていた。逆に、地方政府には、財政上の自律性や財政規律の概念が弱い傾向があった。このように、権限と財源の一層の委譲が求められると同時に、地方政府の自立的な運営を保証する手立てが求められた。

(4) 第二次分権改革（「三位一体の改革」2004年より）

このような課題に対し、小泉内閣の下で進められた第二次分権改革の主眼は、地方の財源に焦点を当てた改革を進めることであった。地方財源の充実と、補助金の削減を通じた地方の財政的自立性の促進を目指し、2004年から2006年にかけて進められた三位一体改革の主な内容は次のようなものであった。

①国庫補助負担金改革：国民健康保険、義務教育、児童手当などの分野で国庫負担金を総計3兆1千億円あまり削減し、合わせてその他の補助金を1兆5千億円あまり削減する。

②税源委譲：国の所得税から地方の個人住民税へ3兆円の財源移譲をおこない、同額の国庫補助金の廃止・縮小を実施する。

③地方交付税改革：地方交付税と臨時財政対策債（後年度の交付税により元利償還費を措置する）を3年間で5兆1千億円あまり削減する。

この三位一体改革の成果については、まず税源委譲について、国庫補助負担金の補助率の引き下げにより「中央政府の関与」が同時に低下することが企図されていたが、たとえば義務教育についてみれば、教員の配置や定数を定めた関連法令により、国の関与は依然として強く残っている。また、税源委譲と補助金カットにより、地域間の財政力格差が拡大し、自治体によってはナショナルミニマムの公共サービスでさえ確保できない懸念が生じた。こ

のような状況から、財政力の弱い自治体について、税源委譲が国庫補助負担金の廃止・縮減に伴い必要となる額に満たない場合には、交付税の算定により配慮することとなった。このように、地方交付税は税源委譲や補助金削減の効果を相殺するように使用されたが、交付税総額の抑制が同時に行われたため、逆に、財政力の弱い多くの自治体の財政を悪化させることになった。

(5) ポスト三位一体改革と地方分権の本旨の達成に向けて

ポスト三位一体改革として、政府の経済財政諮問会議は2007年に「地方分権改革推進委員会」を発足させ、自治行政権、自治財政権、自治立法権の確立を企図する「新分権一括法」の検討を行った。また、全国知事会は、①中央と地方の税収比率（約6：4）の改善、②地方交付税を「地方共有税」に改称し、地方固有の税源であることを再確認する、③国と地方の協議の場を法定化し、地方の意見を中央政府の行政に反映させるなどの要望を公表した。さらに、「道州制」の導入についても議論されてきた。これは、平成の大合併により1,700あまりまで再編された市町村を基礎自治体とし、47の都道府県を9～13の州に広域化した上で、中央政府の権限を大幅委譲するものである。あわせて、これまで都道府県がもってきた権限の多くを市町村に委譲するものである。

そのような議論の目指す大きな方向性としては、まず、地方分権の本旨を達成すべく住民が自分の選好にあった自治体を選択する権利を保証するものでなければならない。また、情報優位にある地方政府が住民のニーズを把握しつつ、近隣政府間との競争的環境の中で、行政コストの低下や住民満足を高めることが重要である。さらに、受益と負担が住民にわかりやすいという地方税の特徴を活用し、公共サービスの負担を適切に求めてゆくことも必要となる。

2.2.3　地方分権と新しい公共経営

地方分権の推進とともに、公共部門や自治体の抜本的な行財政改革が求め

られる中、公共部門に民間的経営手法を導入する NPM が注目を集め、行政評価や企業会計の手法などが、全国的に次々と導入されていった。NPM とは、民間企業における経営理念・手法、さらには成功事例などを公的機関の現場に導入することにより、公共部門の効率化と活性化を図ろうとする取り組みであり、1980 年代以降欧米先進諸国において導入されてきた[3]。NPM は、国や地域、時代により多様な展開を見せているが、その根底にある共通点として、市場メカニズムの活用、顧客主義への転換、業績成果による統制、ヒエラルキー構造の簡素化が指摘されることが多い[4]。そのような取り組みにおいて、政策やプログラム、プロジェクトなどの優先順位の設定、効率性の測定、有効性の評価などが重要なポイントとなる。

2.2.4　NPM とは何か

　NPM は、欧米諸国における公的部門の改革のための基本的考え方であり、住民や納税者の視点から、行政の成果や満足度の向上を目指す取り組みである。市場競争の推進やそのための規制緩和を推進するサプライサイドの政策の下で、公共部門の効率性やサービスの質の向上を目指した改革を進めるための標準的な手法となりつつある。そして、行政活動の成果や効率性の向上に取り組むことにより、自治体の運営に変化が訪れている。

　NPM が行政改革の手法として注目を集めるようになったのは、1980 年代以降のことである。日本では、「新しい公共経営」と呼ばれ、経営管理、公共選択、組織内の意思決定などの学問的基礎を、公的機関の経営管理に応用しようとする取り組みである。NPM の基本的な発想の背景には、目標管理型の業績・成果によるコントロールを行い、科学的評価や実験計画法と実践的評価を両立させようとする考え方がある。その理論的な基盤となったのは、D.T. キャンベルによる「実験に基づく改革（Reforms as Experiments）」であった（Campbell、1969）。他方、実際の政策は、理論的に単純に割り切れるようなものでなく、複雑な要因が絡み合っている。以下では NPM の理念や手法を簡単に紹介する[5]。

(1) NPMの指向

NPMの基本的な理念は、どれだけ多くの政策を実施するかではなく、政策目標がどの程度実現したかという、成果重視の評価に重点が置かれる。無駄な投資を避け、効率性を重視した政策経営を実現し、いわば投入指向型から成果指向型の行政へと、評価の考え方が根本的に転換した。

(2) 業績指標を用いた評価

NPMを実現する具体的な方法として、成果や顧客満足度にかかわる業績指標を設定して、その達成状況を常時監視するモニタリング的評価が行われるようになっている。そこでは、コストベネフィット分析に見られるような厳密さの追求は必ずしも採用されていない。地方自治体における住民の生活に密着したサービスの中で、新たにどのようなものを行うかというような問題よりは、サービスを行うことは当然として、それをいかに効率的に行うか、どのようにして費用を抑えるか、サービスの水準を高められるかという問題に重点がある。

(3) アウトカムの重視

モニタリング的評価の実例として、アウトカム（効果：Outcome）重視の考え方がある。それは、例えば、道路改良事業における成果目標としての平均走行速度、交通量、事故件数、大気汚染、騒音などである。これらの指標は、政策的に制御できない社会経済環境の影響を強く受ける可能性があるなど、過度の使用には慎重であるべきとの意見もあるが、簡便で分かりやすいため、今日では行政により多く採用されている。

(4) 市場テストの導入

市場テストは、イギリス政府が1992年に導入したもので、役所の事務部門など民営化になじみにくいと考えられてきた業務分野に対しても、能率と効果を向上させるために、従来の担当部局と民間企業とを入札で競わせて実

施者を決定する方式である。イギリスにおいて内国歳入庁の情報処理部門の職員を含めて民間委託したケースや、アメリカにおいても、インディアナポリスで排水処理、ごみ処理、道路補修等を民間委託した例がある。

2.2.5 NPM改革の手法と電子政府推進

NPM改革の手法には、行政評価をはじめとして、後述する、発生主義会計の採用、BSC（Balanced Score Card）、BPR（Business Process Re-engineering）、プロポーザル運動、PFI（Private Financial Initiatives）など多くのものがある。これらの手法におけるIT活用と電子政府推進を検討するために、以下ではマネジメント理論の観点から以下のような4つの分野に分類して検討を進める。

①経営戦略：組織の目標設定や目標達成のための執行計画の策定など、組織全般にかかわる手法。
②内部管理：人事管理、財務管理、業績管理など。内部資源および活動の管理に関する手法。「業績や成果による統治」のための中心的手法。
③外部管理：外部の業務単位、独立機関をマネジメントするための手法。アウトソーシングやPFIなど「市場による統治」のための中心的手法。
④市民協働：意思決定や政策策定などに対する市民参加や政策実施などの協働を促すための手法：「市民社会による統治」の中心的手法。

以上のような概念整理に従って、NPMの実践的な手法を例示的に整理すると、表2-2のように示すことができる（行政情報システム研究所、2004）。

2.2.6 行政の情報化と電子政府推進の経緯

次節においては、地方分権改革におけるNPMと電子政府推進の役割を検討するが、そのためにまず、日本の地方政府における電子政府推進の歴史を

表 2-2　NPM の戦略

類型	NPM の代表的手法	NPM のモデル
経営戦略	戦略計画、BPR、職員提案	民間経営手法の基本
内部管理	行政評価、発生主義会計	業績・成果による統治
外部管理	民営化、アウトソーシング	市場による統治
市民協働	NPO・市民委託、市民会議	市民社会による統治

出所：行政情報システム研究所（2004）に一部加筆。

簡単に概観しておこう[6]。地方政府における行政の情報化と電子政府推進は、先に見たNPM改革を通して推進された地方分権改革とほぼ同時期に、いわば同時並行的に進められた。ここでは、そのような地方分権改革や行政のNPM改革の推進に、地方政府の情報化やIT戦略、電子政府推進がどのような関係性をもって行われたのかを時間の経緯とともに見てゆくことにしたい。

(1) 電子政府によるオンラインサービスの発展段階

まず、OECD（2003、2010）によれば、電子政府によるオンラインサービスの発展は、次のような4段階に区分される（上村他、2012）。

① 発足（Emerging）ステージ：政府のWebサイトにより政策情報や法令・行政文書・サービス情報等が提供されている段階。省庁間、関連行政機関の間でリンクが張られており、利用者が容易に政府の情報を利用することができる。

② 発展（Enhanced）ステージ：政府のWebサイトから申請書類様式をダウンロードすることができるなど、一方通行のコミュニケーションができる段階。同時に、視聴覚機能を備え、多言語対応となっている。

③ 交流（Transaction）ステージ：利用者と双方向のコミュニケーションができる段階。政策への提言機能も備え、個人認証が求めたうえで、電子投票、税の電子申告、電子申請等が実施されている。

④統合（Connected）ステージ：Web サイトにより積極的に国民・市民の意見や情報を収集できる。電子サービスは省庁や機関の垣根を越えてシームレスに接続され、各種データや情報は統合アプリケーションに移管されている。利用者本位の運営がなされ、政策意思決定への積極的な参画が促される環境が整っている。

このような段階区分を踏まえながら、以下では地方政府の情報化と電子政府推進の歴史を簡単に見てゆこう[7]。

(2) 電算処理から電子政府へ

行政の情報化の起源は、1950年代にさかのぼる。1950年代には気象庁、総理府、社会保険庁などの中央省庁において、メインフレーム（大型電子計算機）による業務や情報の電算処理が行われた。地方自治体においては、1960年代から1980年代にかけて京都、東京、神奈川などの自治体を皮切りに、行政事務の合理化、効率化のため、税務、給与などの電算処理が導入されている。その後、1994年に電子政府推進の契機となった「行政情報化推進基本計画」が実施され、広報資料や各種生活行政情報のホームページ公開など、電子政府の初歩的な機能の整備が始まった。

(3) インターネット黎明期

1990年代の後半になると、インターネットの急速な普及とともに、行政の情報化も急速に展開を始める。「行政情報化推進基本計画（1994年）」の下で、報道発表や生活関連サービスの情報を配信する、白書や統計情報の電子媒体による提供などに加えて、インターネットの普遍的活用を基礎として、行政における旧来の制度・慣行を見直し、サービスを飛躍的に向上させ行政運営の質的向上を目指すなどの指針が示された。あわせて、申請・届け出手続きの電子化や事務処理の効率化、事務処理手続きの見直しなどが示されている。

（4） e-Japan 計画

　2000 年になると政府は、5 年以内に世界最先端の IT 国家となることを目標に「e-Japan 戦略」を策定し（2001 年 1 月）、ブロードバンド等の IT 基盤の整備を始めた。2005 年には、「e-Japan 戦略 II」を策定し、医療、行政サービスをはじめ 7 分野における IT 活用に向けた取り組みを開始したが、そのいずれの分野においても電子政府は重点分野の一つとされ、「行政の透明性を高め、民の参画を促進する」ことが目標とされた。

　2003 年 7 月には、総務省が「電子自治体推進計画」を策定し、電子自治体の基盤整備、推進体制の充実強化に加えて、民間経営手法を参考とした行政サービスの向上、行政の効率化、地域の課題解決、情報セキュリティの確保に向けた各種の施策を講じた。その結果、電子自治体の基盤整備が促進されるとともに、電子申請、電子入札などの行政サービスのオンライン化や、共同アウトソーシングによる業務システムの効率化に向けた取り組みも実現した。

（5） インターネットの進展と u-Japan 計画

　2006 年になると、「IT 新改革戦略（2006 年 1 月）」が策定され、構造改革による飛躍的な利便性向上、利用者重視の運営に加え、国際貢献や国際競争力強化の原動力として IT 活用を図ることが示された。新たな「電子自治体推進計画（2006 年 8 月）」においては、「世界一便利で効率的な電子行政」を目指して、電子政府推進を行財政改革の一環として位置づけるとともに、目標を着実に実現するための情報化統括責任者（CIO）の任用など、運営体制の整備がすすめられた。このように、e-Japan 計画により整備されたネットワークインフラの活用と、情報のユビキタス環境を社会基盤として活用し、新たな価値を早発することを目指した「u-Japan 計画」が進められた。

（6） SNS の台頭と「i-Japan 戦略」

　2015 年までのデジタル戦略として、デジタルインクルージョン、デジタ

ル改革により経済社会全体を改革して新たな活力を生み出し、持続可能な社会と国際協調を目標として「i-Japan戦略（2009年7月）」が策定された。その重点分野として電子政府、電子自治体が位置づけられ、「電子窓口改革」として、テレビ、パソコンやコンビニでも行政サービスが受けられることや、年金記録や決済サービスを導入する「電子私書箱」の実現が目標とされた。また、2010年には「新たな情報通信技術戦略（2010年5月）」が策定され、国民主権の社会を確立するための重点戦略と目標が設定された。その中で、国民本位の電子行政の実現が一つの柱とされ、その具体的取り組みとして行政コストの大幅な圧縮を目指して、自治体クラウドによる情報システムの統合・集約化が位置づけられた。また、政策情報の一層の開示と国民の政策決定への参加を目指して、オープンガバメントの設立が目標とされた。

さらに、この時期にはSNS（Social Networking Service）の普及に伴い、住民や企業に対する情報提供をはじめ、双方向コミュニケーションの促進による市民意見の収集、行政への参画、そしてコミュニティの活性化が目標とされた。

(7) 近年の電子政府推進の取り組み

2013年6月には「世界最先端IT国家創造宣言」が閣議決定され、先端ITを活用して革新的な新産業や新サービスの創出を行い、全産業の成長を目指す、安全で災害に強い社会の構築、公共サービスのワンストップ化、などの目標が示された。地方の電子政府については、利便性の高い電子政府サービス、自治体クラウドの構築による行政情報システムの改革、IT人材の育成やIT資材調達における透明性の確保を目指したITガバナンスの強化、などが目標とされた。2015年に入ると、これらの目標をよりよく達成するために、「国・地方IT化・BPR推進チーム」が設置された。

さらに、2017年5月に閣議決定された「世界最先端IT国家創造宣言・官民データ活用推進基本計画」においては、地方自治体がクラウド作成の計画を構築し、中央政府がその進捗を管理することが記載された。また、行政

手続きのオンライン化については、各地方自治体が、優先的に取り組むべき手続きとその方策を計画することとなった。

2.3 NPM改革と電子政府推進

これまで見てきたように、NPM改革は行政組織の行動原理を、従来の事前チェックを中心としたプロセス重視から、業績・成果重視へと転換させるものである。したがって、業績・成果を上げるために、現状の業務プロセスをいかに改善するかが問題となる。電子政府の推進とITの活用は、そのためのプロセス改革の有力なツールとなりうる。1990年代後半のアメリカ連邦政府におけるNPM改革の経験を踏まえて、日本の「行政情報化推進基本計画（1994）」においても、「ITは行政改革の有力な手段」という認識が示された。そして、ITの活用や電子政府の推進が、政府の従来の制度・慣行や業務プロセスを改革し、国民との関係を変え、組織改革を推進するための道具として明確に位置づけられている。

本節では、このような視点からITとNPM改革の関係性を明らかにしてゆく。そこにおける問題設定は、まず、①NPM改革の考え方はIT利用を促進するのかどうか、そもそも、②ITの活用はNPM改革においてその実効性を高めるのかどうか、③NPMに基づいた行政改革の諸手法においてITをいかに活用するのかである。そして、④NPM改革とEA（Enterprise Architecture）の関連性についても検討する。

2.3.1 電子政府推進とNPM改革の関連性

まず、ITを活用したビジネスプロセスの効率化を狙いとするBPRの観点から見てゆこう。これは、民間の様々な産業分野において、ITを活用することによりビジネスプロセスを根本的に見直し、IT活用に合わせて抜本的に転換するものであり、政府の業務をプロセス重視から業績・成果重視へと転換する試みと符合している。

例えば、内部管理事務改革の代表的な取り組みである入札システム改革においては、まずこれまでの指名競争入札から条件付き一般競争入札へと転換するとともに、入札の説明会もインターネット、郵送などに転換することにより、入札業者を大幅に増やすことが可能になる[8]。それに伴う業務量の増大は、電子入札制度を活用し、同時に担当者の削減も進めることも可能である。このように、これまでの法令遵守により進められてきた行政を、その組織や制度、業務プロセスの見直しを実施し、ITを活用して業務プロセスの効率化を図るとともに、NPM改革の実効性を高めるために、NPM手法の実施においてITを活用することを目標としている。

2.3.2 海外事例に見るIT活用とNPM改革

NPM改革の先進諸国であるイギリスやニュージーランドにおいては、すでに1980年代よりその取り組みが始められた。インターネット、PCの環境が整う前であり、その取り組みは、主に、メインフレームを定型的大量業務処理に活用するにとどまった。したがって、その後の電子政府推進は、すでに達成されたNPM改革の成果をIT活用により補強するものであった。

アメリカにおけるNPM改革では、1980年代より、州政府や地方政府を中心に行われた政府刷新の取り組みであるリインベンティングにおいて、業績測定に基づき顧客志向、業績志向を目指す行政改革が行われた。PCの普及時期にあたっていたため、リエンジニアリングと呼ばれるITによる業務改革を行うとともに、グループウエアによる情報共有とコラボレーションを図った。他方、リインベンティングの取り組みに遅れた連邦政府においては、1990年代に入って州や地方の先行事例をIT活用により実践し、電子政府の推進の一環として業務のリエンジニアリングに取り組むという戦略が確立された。米国の行政改革は、当時大きな問題とされていた政府部門の赤字の削減に大きな効果を持ち、その後インターネットの発展を背景に、電子政府推進の先進例として世界中に大きな影響を与えることとなった。

この動きは日本においても無視できない影響を及ぼした。当時日本には

NPM やそれによる行政改革という概念は定着していなかったが、先に述べたように、1994年に策定された「行政情報化推進基本計画」において、政府の機構改革、経費節減、公務員定員削減という行政改革手法の重要な手段として示された。また、IT よりも NPM が先行したニュージーランド、オーストラリアなどの国においては、電子政府は公企業における BSC システムにおいて、経営をコントロールするための KPI（Key Performance Indicator）の運営システムなどに活用されている。

2.3.3　NPM 手法と IT 活用

前小節においては、NPM 手法の一つである業務プロセス改革における IT 活用についてみたが、ここでは、個々の NPM 改革のための手法ごとに IT 活用の可能性をより詳しく検討してゆこう。第1節において、NPM による行政改革手法を「経営戦略」、「内部管理」、「外部管理」、「市民協働」の4点に分類した。それぞれの手法に対する IT 活用の可能性を、行政情報システム研究所（2004）では表 2-3 のようにまとめている。

以下では、行政情報システム研究所（2004）によりながら、個々の手法についてみてゆこう。

(1) 経営戦略

経営戦略の手法はさらに、戦略計画（選択と集中による戦略策定）、ISO9001（品質管理）、職員提案、BSC などの手法からなる。これらの手法をよりよく実現するための共通の IT 活用として、ナレッジマネジメントシステムがある。これにより、職員からの意見や提言などをグループウエアやイントラネットで情報共有したり、電子会議室やメーリングリストを用いて双方向のコミュニケーションを取ったりすることにより、情報を互いに共有し議論を行うことが可能になる。

また、ISO9001 による品質管理においても、ナレッジマネジメントシステムに加えて電子文書管理システムを活用すれば、その効果はより一層高ま

表 2-3　NPM における IT 活用の可能性

	主な NPM 手法	IT 活用
経営戦略	戦略計画 ISO9001 職員提案 BSC	ナレッジマネジメントシステム（KMS） 電子文書管理システム、KMS KMS（電子会議室など） BSC ソフト、KPI 測定システム
内部管理	資源管理：人材管理 財務管理 文書管理	職員研修履歴管理・スキル管理システム 発生主義会計、固定資産、管理会計システム 電子文書管理システム、KMS
	活動管理：行政評価 ABC/ABM 目標管理 BPR ベンチマーキング	行政評価システム ABC ソフト 目標管理システム 業務システム：電子申請、電子申告、電子入札 KMS（指標情報収集システム）
外部管理	民営化・民間委託 アウトソーシング	市民意見収集、満足度測定システムの利用 ASP
市民協働	お客様センター 政策形成への参加 業務の市民協働 参加型政策評価 情報公開・共有	コールセンター 電子会議室、メーリングリストなど 市民意見収集、満足度測定 市民評価収集システム、電子モニター 情報公開システム、電子文書管理システム

出所：社団法人行政情報システム研究所（2004）に基づき作成。

る。市民対応の品質管理を例に取れば、市民満足度の測定や市民対応方法の見直しを進めるために、市民アンケート集計や業務フローの分析を行う必要があるが、分析ツールの活用や、品質管理用ドキュメントの電子化を進めるなどの IT 活用により、より効率的に市民対応の品質改善を進めることができる。

　また、BSC は①財務の視点、②顧客の視点、③内部組織のプロセスの視点、④成長と学習の視点など、複数の評価指標を体系的に整理することにより、必要な最低限の指標により評価を行うことにより、経営戦略による改革を促進するものである。例えば、「顧客の視点」からの評価において、信頼性の向上という重要業務評価指標 KPI を設定しその達成度を測定するためには、データベースが連動している情報システムが構築されていることが求められる。それにより、全体的な状況を確認するための事業計画や財務、事

業評価などのデータが提供され、このような評価指標を逐次チェックすることが可能になる。このようにして、経営戦略の遂行を促進することができる。

(2) 内部管理

　内部管理における NPM 手法は、主に、資源管理手法と活動管理手法の2つの側面に分けることができる。このうち資源管理手法は、人、物、金、情報という資源を管理するための手法である。人事管理においては、職員スキル管理システム、研修履歴管理システムの活用、そしてそのデータベースにグループウエアなどを用いて情報共有を行うなどの IT 活用により、適材適所の人材活用を図ることができる。また、財務管理システムにおいては、公企業において進んでいる企業会計の導入により、財務状況を分析し、コスト構造を明らかにすることが可能になる。さらに、情報管理においては、ナレッジマネジメントシステムや電子文書管理システムの活用により、情報の統一的管理を行うことで、情報の所在を明らかにし、誰でもいつでも利用可能な状態にすることが求められる。

　他方、活動管理は行政の諸活動を管理するためのシステムである。NPM 改革を進めるためには、職員に業務改革の動機付けを行うことが有効であり、そのためには行政評価などの手法が活用できる。業務目標を目標管理 MBO（Management by Objectives）システムにより管理し、目標を達成するための現状の見直しのために ABM（Activity Based Management）や BRP を活用することが有効となる。

　内部管理に有効な NPM 指標として、先述した BPR による業務プロセスの見直し、行政評価の IT による支援、業務の活動ごとに間接費を集計する ABM などがある。このうち BPR については、例えば、組織の各部門に分散している内部管理事務を組織制度の見直しにより集中管理し、機能の拡張や人件費の削減を図ることや、各部門の企画・立案、連絡・報告・調整などの処理について、情報共有、コミュニケーション支援、ワークフローシステムなど各部門共通の情報システムの構築により、業務の効率化、迅速化、高度

化を図ることが可能になる。また、行政評価は NPM 改革のなかで重要な位置を占めるが、IT の活用により、評価に用いるデータの収集、管理、評価作業に必要な評価シートの作成作業支援、評価結果の組織内部、市民への公表やフィードバックに活用することが考えられる。最後に、ABM については、行政は一般的に間接経費の比率が高く、個別活動ごとの生産性の把握が難しいことが知られているが、ABM の活用により、間接費を活動ごとに集計することが可能となり、生産性や業務の効率性の把握に役立つ。そのために必要となる多量のデータの収集管理や、生産性の計算・分析に IT を活用することが有効である。

(3) 外部管理

　外部管理の手法には、民営化、民間委託、独立行政法人化、アウトソーシング、PFI などがある。NPM 改革の下では、様々な分野において業務の外部化が進んだが、初期の段階においてはごみ収集や電話交換といった現業業務が中心であった。近年では、iDC（Internet Data Center）や ASP（Application Service Provider）などのように、IT 関連のアウトソーシングが増加してきた。この理由は、IT の発展速度が速いために、IT インフラを自前で整備するにはコスト負担が大きくなりすぎることや、最新技術を身に着けた技術者を確保することが難しいことがあげられる。また、ASP の事業者はデータやネットワークの管理だけでなく、アプリケーション利用のサービスも提供しており、同時にウイルス対策、e-learning、グループウエア、財務管理システムなどのサービスも提供していることが多い。このように、ASP 利用には、技術者・管理者の確保、インフラの導入コストを抑制、ウイルス対策、常にソフトの最新バージョンが利用可能になるなど、多くのメリットがある。

　また、近年 IT 関連のアウトソーシングにより、NPM 改革と IT 改革を同時に進める取り組みが増加している。それは、情報システム関連業務（岐阜県）に留まらず、広域ネットワークの構築により、図書館、体育施設の予

約・利用（阪神間7市1町）、電子申請、電子入札、電子申告・納税などの行政サービス機能を持つCDC（Community Data Center）構築（高知県）などの先進的な例がみられる。また、IT関連以外の業務においても、清掃・警備、コンピューター管理、受付・案内、コールセンターなどの現業分野に加えて、近年では、人事、給与、服務、財務会計、福利厚生などの総務事務についても、職員が行う必要のない範囲においてアウトソーシングが進んでいる（東京都）。

(4) 市民協働

　市民協働の推進による行政改革は、NPMの最も重要な取り組みの一つである。今日多くの自治体において、自治体の基本構想、長期計画、都市計画事業やそのほか住民生活に関連の深いプロジェクトなどが、特に住民参加が必要な領域と考えられている。そして住民参加の手段として、計画の素案段階での公表と公聴会の開催、審議会への住民参加、住民意識調査、モニター制度、提言・提案、作文、論文の募集、住民の参加を募ったワークショップやパブリックコメント制度、オープンガバメントにおける政策提案などの取り組みがみられる。ITの活用は、これらの取り組みの実効性を高めるうえで有効である[9]。

　以下では、そのような取り組み例のいくつかを取り上げ検討してゆく。それらには、「お客様センター」、「政策形成・計画段階への市民参加」、「情報公開・情報共有」、「パブリックコメント」、「オープンガバメント」などがある。市民協働の推進には、市民とのコミュニケーションによる相互理解が重要であり、そのためにコールセンターや電子会議、電子モニターといったITは、即時性の高い情報を低コストで広範に提供できるばかりでなく、双方向のコミュニケーションが可能となるので、それらのためのツールとして大きく期待されている。

　例えば、市民モニター制度において、インターネットの活用は、郵送や意見集約に要する費用を低減するばかりでなく、集約された意見をデータマイ

ニングすることにより政策策定のための分析に活用することも可能となる。以下では、市民協働におけるNPM手法の例としてお客様センターと政策形成・計画段階への市民参加、情報公開・情報共有を取り上げ、電子政府やIT利用についてみてゆこう。

・市民の意見の窓口

　市民の声を聴くことは以前から行われているが、それにITを活用することにより多くのメリットが得られる。例えば、平日仕事をしている市民も行政機関の開庁時間以外にも意見を寄せることが可能となるし、電話を利用したコールセンターと比較しても垣根が低く意見を出しやすい環境を作ることができる。また、寄せられた声を容易にデータベース化することができるので、市民ニーズを政策の策定に生かすことが可能となる。また、データベースに蓄積されている、市民からよく寄せられる質問に対してFAQを作成し、市民への情報提供の充実に生かすことも可能となる。

・市民委員会・行政評価委員会への参画

　政策形成や計画段階への市民参加については、諮問委員会への市民公募委員の参画、政策や計画の策定プロセスにおける市民意見の公募、パブリックコメント（Public Comment）などの制度が一般的になってきている。あわせて、先進的な取り組みにおいては、市民のボランティア参加による「市民委員会」や「行政評価委員会」を形成し、教育や都市整備などの政策に対して意見を求めている。平日仕事をしている市民のためには夜間や休日に会合を設けなければならないが、メーリングリスト、掲示板や電子会議システムなどのIT利用により、利便性と持続可能性の高い組織運営が可能になる。

　ITを活用した例として、新井（2002）においては藤沢市の「市民電子会議室」を紹介している。これには誰でも参加でき、また、あらかじめ登録することにより発言できる。そして、議論の内容や会議の結果はだれでも閲覧できるようになっている。会議の運営方針、テーマ設定、意見のとりまとめ、

行政への提言などの役割をになうのは、市民公募により選出された運営委員であり、インターネットを活用した仮想空間上で参加者双方向の議論が行われる。その内容は、例えば暮らしや街づくりに関しては、都市開発、ごみ問題、公園の利用ルール、違法駐車問題など、暮らしに身近な様々な問題が議論される。持ち寄られた情報や議論された内容は、運営委委員により提案書にとりまとめ市に提案され、政策形成に活用される。これが採択された場合には、事業として予算化され、その結果は住民にフィードバックされる。

・情報公開・情報開示

　市民委員会などの取り組みは、ともすれば市民全体の意見を反映するものではないという指摘を受けることがある。このことは、市民全体を対象とする情報公開や情報共有も同時的に取り組む必要があることを示唆している。決定された政策や事業についての情報提供だけにとどまらず、事業の必要性やその事業に関する議論などの情報を積極的に開示、重要な情報を共有することにより、情報の非対称性を緩和することを目指すとすべきである。ITの活用は、そのための有効なツールとなりうる。上村・高橋・土肥（2012）によれば、2010年度末の段階において、都道府県のすべて、市町村レベルの99.8％が情報公開に取り組んでいる。

・パブリックコメント

　パブリックコメントは、行政機関が政令や条例等を定める前に、広く一般から意見を募り、その意見を政令や条例の制定にあたり考慮することで、行政運営の公正さの確保と透明性の向上を目指すものである。パブリックコメントにかけられる案は、行政機関のホームページや電子政府窓口に公表され、ネット上で意見を募集・集約されるばかりでなく、紙媒体のパンフレット等にまとめられアンケートのように集計されることが通常である。これは、1993年の行政手続法の導入により制度化され、2010年度末段階で都道府県や政令市、中核市のすべてが取り組んでいるとともに、市町村レベル全体

においても 44.5％が取り組んでいる（上村他、2012）。

・オープンガバメント

　パブリックコメントは、政府から市民への一方通行の情報提供から、提出された意見を政策決定において考慮するという双方向での政策決定をもたらす、画期的な取り組みであった。オープンガバメントは、それを一歩進めて、インターネットの双方向性を活用することにより、積極的な政府情報の公開や行政への市民参加を促進する取り組みである。行政情報の公開、提供、市民の政策決定への参加を促す具体策として、アイデアボックス形式の意見公募を行う仕組みが構築され、様々な施策に対する意見や提案を広く国民市民から募集している。これは政策ごとにテーマが設定され、掲示板のように自由に意見を書き込めるようになっており、寄せられた意見には担当者がコメントを返すなど双方向の議論が交わされるものである。また、近年では、市民・国民からのより本格的な政策提言の取り組みとして、政策提案を公募し、コンテスト形式により選考し、採択された提案は政策形成に生かされるような取り組みが始められている。

・政府による SNS（Social Networking Service）の利用

　SNSによる情報発信は、利用者があらかじめ登録をしておけば広報発信の情報に限らず、各部署から独自に発信される情報も利用者に直接届き、タイムラインに表示させることができる。これまでの電子掲示板による市民とのコミュニケーションが活性化しなかった反省から、多くの自治体ではツイッターやフェイスブックなどの SNS アカウントを取得し、住民を引きつける情報発信に取り組んでいる。矢杉、劉、西本（2014）による研究では、自治体の規模が大きく職員数の大きい自治体の方が多くのツイートを発信し、またフォロワーによるより多くのリツイートを獲得していること、さらに、SNSによる情報提供の主な内容は、災害や大雨に関する情報が多く、例えばアニメに関するイベント情報などがそれに次いで多くなっていること、ま

たそのような情報がより多くのフォロワーのリツイートを獲得し、市民からの支持を得ていることが明らかにされている。

・災害時のコミュニケーションについて

　最後に、第6章において詳しく見るが、災害時の情報提供や通信手段としてもITは高い効果を発揮する。地震や台風などの被災地域においては固定電話や携帯電話が使いづらい状況の中で、インターネットや電子メール、SNSは比較的スムーズに利用可能であるという報告がなされている。コミュニケーション手段としてIT活用に加えて、SNS利用による被災地からの情報発信を適切に利用する体制を整えることが重要な課題となっている。

2.4　NPM改革と電子政府推進の現状とその評価

　前節においては、地方分権推進のためのNPM改革と電子政府推進の取り組みについて検討してきた。以下では、そのような取り組みがどのように進展し、どのような到達点に至ったのかを見てゆこう。総務省自治行政局地域情報政策室は、電子自治体の推進状況に関して毎年調査報告を行っている（総務省、2018）。以下では、基本的にこの報告書の各年度版を用いて検討を進める。地方政府のNPM改革の取り組みとの関係を明らかにするために、電子政府の推進体制、行政サービスの向上と高度化、業務システムの効率化、情報セキュリティと個人情報保護の観点から検討を進める。

2.4.1　電子政府の推進体制

　まず、電子政府の推進体制整備の状況から検討を始める。電子政府の推進や運営を担う情報主管課の職員数は、都道府県において2,027人、市町村では14,436人となっているが、なかでも外部委託の要員数がそれぞれその半数を占めることに特徴がある（表2-4）。このように、専門技術者をアウトソーシングに頼っている状況が見て取れる。

表 2-4　電子政府の推進体制

	所属職員人数	外部委託等による要員人数	外部委託等による要員のうち常駐者	合計
都道府県	1,211	816	445	2,027
市区町村	9,771	4,665	2,263	14,436
総数	10,982	5,481	2,708	16,463

出所：総務省（2018）。

　情報化統括責任者（CIO）の配置に関しては、34都道府県（72.3％）、1,521市町村（87.4％）の団体が任命している。その役職は、都道府県の場合、知事あるいは副知事の兼任によるものが合計64.7％、市町村の場合には市区町村長、副市区町村長の兼任によるものが82.9％となっている。このほか、総括責任者を補佐するCIO補佐官を配置する団体が、都道府県の46.8％、市区町村の67.7％となっており、そのほとんどが部長級、課長級の担当者があてられているが、外部人材を登用するケースもそれぞれ22.7％、2.6％となっており、けして多くはないが存在している。

2.4.2　行政サービスの向上、高度化の取り組み

　まず、ホームページの開設状況は、近年、都道府県、市町村とも100％となっている。次に、電子政府による市民サービスの中心課題の一つである行政サービスのオンライン化については、都道府県の100％が導入済みであり、市区町村の67.9％の団体が導入済みか、導入を計画している（6.9％）状況となっている。

　オンライン手続きの利用実績についてその主要な項目を見ると、表2-5のようになっている。

　表2-5を見ると、利用実績の高い申請項目は、図書貸し出し手続等、文化・スポーツ施設等の利用予約、地方税申告手続き（e-Tax）、入札、職員採用試験申し込みなど、日ごろの利用頻度の高い項目か、あるいは電子申請することにより申請者の事務的なコストが節約できるものが多くなっている。

表 2-5　オンライン手続きの利用実績

整理番号	手続きの類型	オンライン利用率（％）
1	図書貸し出し手続等	66.8
2	文化・スポーツ施設等の利用予約	54.8
3	粗大ごみ収集の申し込み	9.6
4	水道使用開始届け出	4.5
5	地方税申告手続き（e-Tax）	53.1
6	入札参加資格審査申請等	35.8
7	道路占用許可申請等	11.5
8	研修・講習・各種イベント等の申し込み	21.7
9	浄化槽使用開始報告書	4.4
10	入札	60.0
11	産業廃棄物の処理、運搬の実績報告	3.4
12	自動車税住所変更届等	12.5
13	港湾関係手続	37.7
14	職員採用試験申し込み	43.6
15	公文書開示請求	12.1
16	感染症調査報告書等	10.1
17	特定化学物質排出量届け出	29.2
	合計	51.4

出所：総務省（2018）より加筆、削除。

　また、図2-3によりオンライン利用率の推移を見ると、「e-Japan戦略Ⅱ」、「電子政府構築計画」のもと、オンライン申請のための基盤整備や利用率向上に本格的に取り組んだ2005年以降着実に増加していることがわかる。ただし、その平均的な利用率は申請件数全体の半数程度にとどまっている。

　このため、各自治体では利用率の向上をめざして、24時間365日のサービスの提供や、メールによる事務処理完了通知、処理の進捗状況のオンラインでの確認サービスの提供、事務処理時間の短縮、ワンストップサービスの提供、手数料の軽減、などに取り組んでいる。また、市区町村においてはコンビニ等における住民票等の交付のサービスを開始している団体が多いことがわかる（図2-4）。

　また、住民サービスの向上はNPM改革においても電子政府推進においても最もプライオリティの高い取り組みであるが、現状の課題を解決するため、Webアクセシビリティの向上、電子納付の実現、総合窓口の設置など窓口

図 2-3　オンライン利用状況の推移

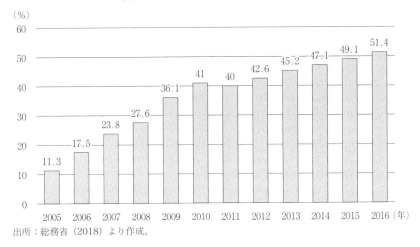

出所：総務省（2018）より作成。

図 2-4　オンライン利用率向上のために講じた措置

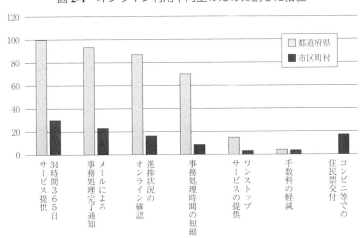

出所：総務省（2018）より作成。

表 2-6　住民サービスの向上のための取り組み

	都道府県		市区町村	
	実施	検討中	実施	検討中
Web アクセシビリティの向上	70.2	17.0	36.5	27.8
電子納付の実現	48.9	25.5	19.0	23.0
窓口サービスの最適化（総合窓口等）	17.0	2.15	21.85	23.3
コンビニにおける証明書発行	0	0	25.4	40.1

出所：総務省（2018）に基づき整理・作成。

サービスの最適化、コンビニにおける証明書発行などを実施している団体が多いことがわかる（表 2-6）。

　公民協働社会の実現のためには、住民の政策形成、政策実施への参加が前提条件となる。地方自治情報管理概要においては「ITC を活用した地域課題の解決」への取り組み状況を調査報告している。その概要は、表 2-7 にまとめられるが、防犯・防災情報サイトの運用、子育て支援サイト、高齢者の遠隔見守り支援などの生活支援サービスに加えて、経済振興、文化振興、コミュニティの活性化、などの施策が中心となっている[10]。

　行政サービスの項目の最後として、災害時の被災者情報管理について見ておこう。被災者情報管理システムの整備状況については、整備済みが都道府県で 29.8％、市区町村で 42.0％となっており、整備中（都道府県 8.5％、市区町村 7.9％）を加えても、それぞれ 38.3％、49.9％と半数以下にとど

表 2-7　地域課題解決に向けた取り組み

取り組み項目	都道府県（％）	市区町村（％）
安全安心な地域づくり（防犯・防災の情報サイト）	95.7	49.6
子育て支援（子育て支援サイト、IC タグによる児童の位置把握システム）	93.6	37.4
地域文化の振興（デジタルアーカイブなど）	87.2	15.7
地域経済の活性化（地元ベンチャー企業の支援サイト等）	87.2	14.3
高齢者支援（遠隔での見守りシステムなど）	63.9	24.0
健康増進支援（住民の健康情報の活用を可能とするシステムの構築）	57.4	17.5
コミュニティ活性化（地域 SNS の開設など）	53.2	21.4

出所：総務省（2018）より作成。

まる。また、導入予定なしとする団体が、都道府県で61.7%、市区町村で40.5%となっている。

次に、すでに被災者情報システムを導入している団体について、その業務システムの内容について調査したところ、自団体において構築したシステムが都道府県において50%、市区町村において15.6%、民間事業者へのアウトソーシングがそれぞれ21.4%、25.0%である。また、地区町村においては、地方公共団体情報システム機構（J・LSI）が提供する被災者支援システムの利用が49.2%となっている。団体規模の大きい自治体ほど独自構築・運用し、逆に、団体規模の小さい市区町村では、民間事業者に対するアウトソーシングやJ・LSIの利用率が大きくなるなど、災害情報管理システムの整備や運営における規模の経済や、団体間での連携のメリットの存在が想起される。

2.4.3　業務システムの効率化

各種オンラインシステムの共同利用（図2-6）や、自治体クラウドの実施による複数自治体間での基幹系情報システムの集約と共同利用は、情報システムの整備・運用経費、ひいては自治体の業務費用の節減効果が大きいことが期待され、e-Japan戦略Ⅱ（2003年7月）以降、重複投資を排除し経費削減の観点から重点的に推進されてきた。しかしながら、業務システムの効率化に関しては、期待されたほど進展していない状況である。

また、自治体クラウドへの参加の状況や、その導入のための協議会への参加状況を見ると、都道府県においては、すでに導入している団体はなく、また、導入のための協議会に参加している団体も38.3%に留まる。市区町村においてはより進展がみられるが、既導入が20.5%、協議会への参加が30.6%という状況である。

他方、自治体クラウドを導入した市区町村におけるコスト削減効果については、4割以上のコスト削減効果が得られた団体が14.0%、3割以上が14.0%、2割以上が19.9%、1割以上が31.4%、コスト削減効果なしが

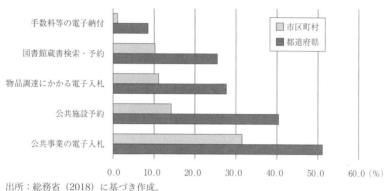

図 2-5　各種オンラインシステムの共同利用

出所：総務省（2018）に基づき作成。

20.7％となっている。費用削減効果が得られなかった市区町村も全体の5分の1程度存在しているが、その他の団体においては一定の効果が上がっている状況が見て取れる。

次に、情報システムの最適化のために講じている措置を見ると、主要な取り組みとして図2-6のようにまとめられる。

図2-6に示されているように、都道府県においては、部門横断的な共通システム基盤の整備、情報化投資効果の事前評価、メインフレームからオープンフレームへの変更などが主要な項目となっている。また、市区町村においては、情報化投資効果の事前評価、メインフレームからオープンフレームへの変更、部門横断的な共通システム基盤の整備などに取り組む団体が多くなっている。

2.4.4　情報セキュリティと個人情報の保護

情報セキュリティ対策に関しては、都道府県の100％、市区町村の98.1％の団体が責任者や専門の管理者を任命しており、また、緊急時対応計画を策定・整備している団体も、都道府県で93.6％、市区町村で49.7％となっている。その他、サーバや記録媒体へのアクセスの制限・管理、情報

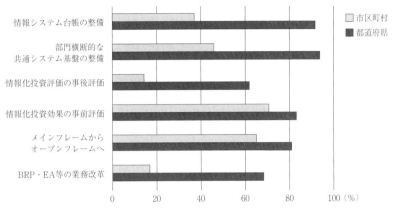

図 2-6　情報システムの最適化のために講じた措置

出所：総務省（2018）より作成。

　セキュリティ研修や緊急時対応訓練、不正プログラムへの対応ソフトウエアの導入や定義ファイルの定期的アップデートなどの対応を、ほぼ100％の都道府県、市区町村の団体が行っている。

　個人情報の保護に関しては、個人情報の保護対策に係る条例の制定率が、2006年度以降都道府県、市区町村とも100％となっている。また、しばしば問題とされている個人情報の目的外利用に関しても、本人の同意がある場合や報道等により公にされている場合、人の生命、身体または財産の保護のために緊急の必要がある場合、国の行政機関や他の地方公共団体への提供する場合であって、相当の理由がある場合、統計の作成、学術研究目的、などに限定されている（図2-7）。

2.4.5　自治体の情報システム化によるNPM効果の評価

　ここまで、地方政府における地方分権化でのNPM改革と電子政府推進の現状とその評価を検討してきた。本小節では、情報システム化によるNPM改革のコスト削減効果について実証的に検討した研究を見てゆくことにしたい。まず、行政コストの削減という観点から、特に、クラウド技術および外

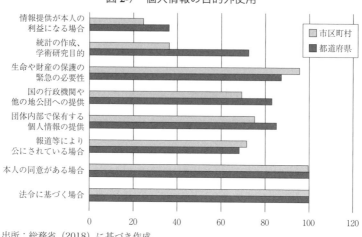

図 2-7　個人情報の目的外使用

出所：総務省（2018）に基づき作成。

部のデータセンターを活用した結果生じた業務サービスの供給コスト削減効果を検討したい。吉田・陳（2016）においては、それにより実現した業務システムのIT化のうち、主要な項目として以下のようなものを考えている。

①住民情報関連業務システム
②税業務システム
③国民健康保険業務システム
④国民年金関連システム
⑤福祉業務システム

　これらの業務システム導入がもたらしたコスト削減効果については、本節2.4.3において2017年の結果にふれたが、そこではクラウド技術および外部データセンターを利用している自治体の約4分の3がコスト削減効果を得られたことが報告されている。しかしながら、そのうち約4割程度の自治体においてコスト削減効果が1割程度にとどまり、また、約5分の1の自治体にはコスト削減効果が働かなかったことを意味している。

　ITシステムの導入コスト削減効果と業務システムの運用コスト削減効果

の両方について推計すると、国民健康保険業務システムの導入・運用が有意なコスト削減効果を示し、逆に、国民年金関連システムについては優位にコストが増加したことを示した。同時に行った業務システムの運用コストのみに関する計測については、税システムと国民健康保険業務システムが有意なコスト削減効果を示し、逆に、国民年金関連システムについてはコスト増加効果を示した。このように、現状においてはIT活用による業務コスト削減効果は限定的なものに留まっている。その理由の一つは、このような業務システムの利用率がいまだ低くとどまっていることが考えられる。電子政府の利用率向上のための方策については次の節において検討するが、これはNPM改革による地方政府の業務最適化の進展にとっても、また、それによる行政コストの削減を実現するためにも重要な課題と考えられる。

このほか、第2.2節で見たような主なIT戦略が策定され実施されるにあたっては、施策の事前評価の一環としてその経済効果が推計されることが通常である。例えば、2013年の「世界最先端IT国家創造宣言」に際して行われた事前調査によれば、この取り組みによる電子政府施策がもたらす社会的なコスト削減効果は、年間中央政府と地方政府の合計で年間1兆円以上であり、これにより業務コストの約3割を削減し、業務処理時間の1／4を削減するという予測となっている（内閣府資料）。

2.5 電子政府推進の課題

日本では、2001年のe-Japan戦略において、「世界最先端の」情報インフラを整備し、2006年の新改革戦略において「世界一便利で効率的な電子行政」と、2009年のi-Japan戦略においては「世界一の評価を受け、国民に開かれた電子政府・電子自治体」の実現を目指したが、日本の電子政府ランキングは10位前後にとどまっている（表2-8、UN、2018）。そしてその理由を見ると、国連が同時に発表している「電子的参加指標（e-Participation)」がオーストラリアと同率の2位であったことから、電子的情報提供

や電子的コンサルテーションなどのサービスの提供や電子政府インフラの整備状況の問題ではなく、主に利用面におけるワンストップサービスの実現やサービスの充実が課題であるといわれている。また、電子申請の利用率も「2013年までに50％を目指す（新たな情報技術戦略）」とされ、登記、国税、社会保険等の申請については「申請全体の72％」を目指したにもかかわらず、前節で見たように、電子申請の利用率は2017年度において全体で50％程度にとどまる。

以下では、今後の地方分権、NPM改革と電子政府推進の観点から、電子政府推進の課題として、電子申請と住民参加の問題を検討しよう。

表2-8　国連の電子政府ランキング

順位	2010年	2012年	2014年	2016年
1	韓国	韓国	韓国	英国
2	米国	オランダ	オーストラリア	オーストラリア
3	カナダ	英国	シンガポール	韓国
4	英国	デンマーク	フランス	シンガポール
5	オランダ	米国	オランダ	フィンランド
6	ノルウェー	フランス	日本	スウェーデン
7	デンマーク	スウェーデン	米国	オランダ
8	オーストラリア	ノルウェー	英国	ニュージーランド
9	スペイン	フィンランド	ニュージーランド	デンマーク
10	フランス	シンガポール	フィンランド	フランス
11	シンガポール	カナダ	カナダ	日本
12	スウェーデン	オーストラリア	スペイン	米国
13	バーレーン	ニュージーランド	ノルウェー	エストニア
14	ニュージーランド	リヒテンシュタイン	スウェーデン	カナダ
15	ドイツ	スイス	エストニア	ドイツ
16	ベルギー	イスラエル	デンマーク	オーストリア
17	日本	ドイツ	イスラエル	スペイン
18	スイス	日本	バーレーン	ノルウェー
19	フィンランド	ルクセンブルグ	アイスランド	ベルギー
20	エストニア	エストニア	オーストリア	イスラエル

出所：井手（2018）より掲載。

(1) オンライン申請・届出等の課題

　オンライン申請・届出は、市民が行う行政の申請や届出を、インターネットを通じて行政と双方向のコミュニケーションを通じて行うものであり、電子政府の定義に最もよく符合するサービスといえよう。厚生労働省が行った電子申請に関するアンケート調査においては、電子申請を利用する積極的な理由として、時間や手間の節約、過去の申請データの利用、近年使い勝手がよくなったという意見とともに、電子申請をためらう理由として、個人認証に時間や手間がかかること、申請画面が利用しづらいこと、添付書類や確認書類等の統一がなされていないことなどがあげられている。

　まず、個人認証に手間がかかる点やカードリーダーを用意する必要がある点については、この種の意向調査において常に問題とされる点である[11]。この解決策として、電子署名以外の個人認証を利用する方法と、電子署名の使い勝手を良くする方法とが考えられている。特に、IDやパスワードのセキュリティ向上や、個人認証の操作性を高めるなどの対応が不可欠と考えられる。また、規制の緩和や申請業務そのもののBPRにより申請手続きを簡素化する、添付書類等を見直す、などの取り組みも同時に必要となろう[12]。

　さらに、電子申請のメリットをより大きくするために、先に述べた電子申請手続きや内容の簡素化により、申請に必要な時間の節約効果をより高めることや、税・料金の納付においては、割引等の積極的なインセンティブを付与することも必要と考えられる。

(2) ワンストップサービス

　また、申請手続きのワンストップサービス化により、複数の申請手続きの手間を節約することも有効と考えられる。ワンストップサービスとは、電子申請を行う際に1か所の窓口に1回だけ申請を行うことにより、そのほかの複数部署にまたがる関係手続等の作業が自動的に終了するよう設計された行政サービスをいう。例えば、英国においては、ポータルサイトにおいて旧住所と新住所を入力するだけで、様々な公共機関及び公益事業等の民間企業

における住所変更の手続きを一括して完了することが可能である（上村他2012）。このためには、先に述べたように行政プロセスのBPRなどによる再設計と複数にわたる関連部署間の連携（バックオフィス連携）とが必要となる[13]。

(3) 市民協働の実現のための電子政府改革

すでに第2.3節において述べたように、市民協働の推進は、NPM改革の最も重要な取り組みの一つである。今日多くの自治体において、重要な施政に関する市民意見の収集と双方向のコミュニケーションのために、公聴会の開催、審議会への住民参加、住民意識調査、モニター制度、提言・提案、作文、論文の募集、住民の参加を募ったワークショップやパブリックコメント制度、オープンガバメントにおける政策提案などの取り組みが行われてきた。しかしながら、以下に述べるような一部の自治体を除いてはその取り組みや成果は、残念ながら低調なものにとどまっている。

以下では、それらの中で電子政府とIT利用が特に有効と考えられる「政策形成・計画段階への市民参加」、「パブリックコメント」、「オープンガバメント」を取り上げ、取り組みの現状と課題を検討する。先述のように、そのために有用な電子政府のツールの課題と今後の発展について検討してゆく。

・市民委員会

市民委員会は、一般的に市民のボランティア参加による会議や電子会議により委員会や行政評価委員会を形成し、長期構想、教育や都市整備などの重要議案や市民生活に関連の深い政策に対して意見を求めるものである。その際、平日仕事を持っていることが一般的な参加者のためには、夜間や休日に会合を設けるか、あるいは、電子掲示板や電子会議システムなどのIT利用により、利便性を高めるとともに、持続可能性の高い組織運営を行うことが重要である。

すでに第2.3.3節において紹介した藤沢市の先進的な事例に加えて、冨津

市、三浦、旭川市など近年ではその取り組みも拡大してきた。その中で冨津市では、無作為抽出による市民2000人の中から応募のあった80人が委員となり、冨津市民委員会を形成し、コミュニティの活性化、住環境、子ども・子育て支援、産業・雇用などの議題について、冨津市の課題解決や市民目線の事業仕分けに取り組んでいる。

　このような委員会活動の一般化された形式や報道は、いまだ極めて少ないが旭川市などではすでに昭和30年代から取り組みが続けられ、高い持続性を持って政策形成への住民参加や住民意見の収集を行っている。双方向性の高い電子会議システムや電子掲示板の導入活用は、このような取り組みへの市民のコストや行政コストを低下させるだけでなく、その持続可能性を大きく高めることが期待される[14]。

・パブリックコメント

　パブリックコメントについては、すでに第2.3.3節において見たように、中央政府や都道府県においては既に100％の導入実績があり、また、市区町村においてもその半分以上が取り組んでいる。ただし、現時点では市民の反応は必ずしもよくはなく、政令市や人口30万人台の中核市などにおいても、応募件数は数百、あるいは数十の程度にとどまる。

　その理由としては、一般的に、パブリックコメントに供されている施策に興味が薄いことや、自分の回答がどの程度提案の修正に役立つのかがわかりづらいこと、また、そもそも時間がかかり煩わしいとの意見が多いといわれている。より要点をついた簡潔な形式のパブリックコメントを行うことや、SNSの利用、結果のフィードバックなどに努めるとともに、重要な提案には、市民公聴会や住民参加のワークショップ、市民モニター制度との併用を行うことも必要と考えられる。

・オープンガバメント

　オープンガバメントは、インターネットの双方向性を活用することにより、

積極的な政府情報の公開や行政への市民参加を促進する取り組みであり、行政情報の公開、提供、市民の政策決定への参加を促すとして期待されている。今後は、SNSをより広く活用し、情報を求めている個人との双方向コミュニケーションを活用しながら、政策情報の提供や市民意見の収集を図ることが重要になると考えられる[15)]。そのために、中央政府の電子政府に見られるアイデアボックス形式の意見公募など双方向の議論が可能な仕組みの活用が必要となる。また、プロジェクト公募などあらかじめ広く設定されたテーマに対して政策提案を公募し、応募のあったプランをコンテスト形式により選考し、採択された提案は政策形成や施策として生かされる取り組みが重視される必要がある。

2.6 おわりに

本章では、近年急速に発展しているIT技術やそれを応用した電子政府の推進が、地方分権の進展にいかに作用し、その実現にいかに貢献するのかを検討してきた。そして、地方分権推進の経緯と成果に対して、電子政府推進の政策やその成果がどのように寄与してきたのかを、中央政府や地方政府の政策、地方分権と電子政府の歩みと相乗関係、その成果の評価や国際比較などを通して検討してきた。

さらに、地方分権推進の大きな指針となったNPMの考え方やその浸透が、地方分権の進展とその成果に対して大きな意義を持っているため、NPMに基づく行財政改革の進展、そして電子政府整備や推進の政策の相互依存的な発展と成果の観点から検討を進めた。あわせて、電子政府の重要な役割の一つであり、また、近年特に注目されている大震災時の電子政府による情報提供や情報収集についても検討を行った。

地方分権と電子政府のさらなる発展のためには、申請や届け出などの行政事務の一層の簡素化やワンストップサービス化により利用者メリットを進展させることが必要であり、また、市民とのコミュニケーションのさらなる推

進が市民協働に不可欠である。少子高齢化が一層進展する中で、財政的な制約の下に地域の活性化や持続可能性を高めるためには、地方分権政策や行政改革のさらなる推進とともに、電子政府利用による行財政効率化や、政策形成への市民参加による市民協働と適切な財政負担のインセンティブをより高めることが必要となる。

注

1) 地方分権化政策の経済的合理性については、西垣（2014）を参照されたい。
2) 白井・城野・石井（2000）においては、電子政府を整備する前提条件として、行財政改革における民間の経営手法の活用や、それに基づく行政評価制度の導入を挙げている。
3) より詳しい記述が西垣（2017）にある。
4) 詳しくは、大住（2002）などを参照されたい。
5) より詳しい説明については、川口（2004）および、西垣（2017）を参照されたい。
6) 矢杉、劉、西本（2014）により詳しい記述がある。
7) より詳しい説明が、矢杉、劉、西本（2014）にある。
8) 代表的な成功例として横須賀市の取り組みなどがある（行政情報システム研究所、2004）。
9) いわゆる e-デモクラシーの実現と電子政府の役割に関しては、西垣、東（2014）を参照されたい。
10) このほか、西垣、東（2014）には、e-デモクラシーと電子政府による情報提供音の関係性に関する実証研究がある。
11) 廉（2011）においては、韓国において電子政府利用が進んだ理由の一つとして、電子政府インフラの整備とともに、省庁の壁を取り払うことでワンストップサービスを実現したこと、さらには電子認証基盤を整備することにより、市民は家庭でも職場でもインターネット接続によるオンライン申請を行うことが可能となったことを挙げられている。
12) 廉（2000）においては、電子申請の利用率を上げるために必要な基本的取り組みの一つとして、行政手続きを簡素化するための法整備や規制緩和を挙げている。また、公益社団法人経済同友会（2017）も参照されたい。
13) 公益社団法人経済同友会（2017）においては、オンライン・ワンストップ化の実現により、税や社会保障関連の電子申請率を上げるとともに、法人設立をはじめ法人関係の事務手続きの時間短縮や申請事務コスト削減により、ビジネス環境の改善を目指すことを提案している。また、そのためには行政機関間のバックヤード連携を進めることが重要となることを指摘している。

14）大石（2011）においては、行政や政策形成への住民参画を進めるため重要な課題として、市民の声を政策に反映させる仕組みを明確にすることを指摘している。
15）大石（2011）においては、地域コミュニティの形成には、行政が準備する電子会議や電子掲示板に加えて、NPOや住民団体が運用する地域SNSなどの存在も不可欠であることが指摘されている。

参考文献

新井直樹（2002）「地方分権時代の地域情報化政策－戦略的な地域情報化政策の在り方についての一考察－」『地域政策研究』（高崎経済大学地域政策学会）第5巻、pp. 61-84。

上村進、高橋邦明、土肥亮一著（2012）『e-ガバメント論－従来型電子政府・電子自治体はなぜ進まないのか－』、三恵社。

榎並利博（2004）「自治体における新たな行政モデル構築とIT経営」『FUJITSU』第55巻、pp. 409-413。

大石哲也（2011）「自治体における効果的な地域情報化戦略とは」、静岡県企画広報部情報政策課。

大住壮四郎（2002）『ニューパブリック・マネジメント－戦略行政の理論と実践－』、日本評論社。

川口和英（2004）『社会資本整備と政策評価』、山海社。

公益社団法人経済同友会（2017）『電子政府を実現し、世界第3位を目指せ～行政手続き効率化でビジネス環境ランキング26位からの飛躍を～』、経済同友会。

白井均、城野敬子、石井恭子著（2000）『デジタル・ガバメント電子政府－ITが政府を革新する』、東洋経済新報社。

社団法人行政情報システム研究所編（2004）『ニュー・パブリック・マネジメントにおけるIT活用の調査報告書』、行政情報システム研究所。

総務省（2018）『地方財政白書平成30年度版』、総務省。

総務省自治行政局地域情報政策室編（2018）『地方自治情報管理概要－電子自治体の推進状況（平成29年度）－』、総務省。

西垣泰幸（2014）「地方分権と公共政策の効率性」、西本秀樹編著『地方政府の効率性と電子政府』、日本経済評論社。

西垣泰幸（2017）『地方分権と政策評価』、日本経済評論社。

西垣泰幸、東祐三（2014）「電子政府と公共政策の有効性－電子政府の新たな役割－」、西本秀樹編著『地方政府の効率性と電子政府』、日本経済評論社。

矢杉直也、劉長鈺、西本秀樹（2014）「e-Japan計画と我が国の電子政府展開」、西本秀樹編著『地方政府の効率性と電子政府』、日本経済評論社。

吉田浩、陳鳳明（2016）「自治体の情報システム化によるNPMの効果の検証」、『ECO-FORUM』、第31巻、pp. 36-43。

吉野維一郎編著（2017）『図説日本の税制（平成 29 年度版）』、財経詳報社。
廉宗淳著（2000）『電子政府－実現へのシナリオ－』、時事通信社。
廉宗淳著（2011）『行政改革を導く電子政府・電子自治体への戦略』、時事通信社。
Campbell, D.T. (1969) "Reforms as Experiment," *American Psychologist*, Vol. 24, pp. 409-429.
OECD (2003) *The e-Government Imperative*, OECD e-Government Studies.
—— (2010) *Toward Smarter and more Transparent Government*, OECD Report.
United Nations (2018) *UN E-Government Survey 2018*, UN E-Government Knowledgebase.
Wong, M.S., H. Nishimoto and Y. Nishigaki (2018) "The Incorporation of Social Media in an Emergency Supply and Demand Framework in Disaster Response," mimeo.

第3章
政策情報と政策評価および地方行政の効率性に関する研究

東　裕三

3.1　地方行政における政策情報と政策評価の重要性

　地方政府や地域を管轄する政治家の行動を効率的な方向へ導く理論として、代表的なものは「足による投票」仮説とヤードスティック競争が挙げられる。「足による投票」仮説は、住民が居住地域を選択する際にその地域の地方公共財と課税を比較し、自身の効用水準が最も高くなる地域に居住するというものである。この仮説の下では、地方政府が地域住民の望んでいない地方公共財を供給した場合、住民はより自身の望む公共財を供給している他の地域へと移動することになる。したがって、もし住民の望む地方公共財を提供しなければ、地域の人口が減少し課税ベースが小さくなるため、地方政府は住民が望む地方公共財を供給することになる。このように「足による投票」仮説では、住民の自由な地域間移動が地方政府の行動を効率的な方向へと導く。一方で、ヤードスティック競争は、住民が他地域の地方公共財の量や租税を基準として、自地域の現職政治家を再選させるか否かを決定するというモデルである。政治家は地域住民が自地域の地方公共財の量や租税が他地域より劣っているならば、投票において落選させられるため、他地域よりも優れた地方公共財の量や租税を選択することになる。ヤードスティック競争においては、自地域住民の他地域の政策を基準とした投票が地域を管轄する政治家の行動を効率的な方向へと導いている。

ヤードスティック競争モデルでは、住民と政府の情報の非対称性を想定しているが、これは、地域住民が地方政府の政策の有効性や効率性に関して完全に把握していないことを表現するための仮定である。そのうえで、住民が選挙において地方政府の政策を評価し、より望ましい政府を選ぶという公共選択モデルを構成している。これらのモデルに共通する政策的含意として、住民が正しい政策評価や公共選択を行うためには、自地域や他地域の政策や財政に関する十分な情報を得る必要があり、そのような情報開示も、地方分権下の行財政を成功に導く重要な前提条件である。

このように、地方政府が住民市民に積極的に情報開示をすることはさらに重要性が高まっており、電子政府はそのための有効な手段となると考えられる。以下ではこのような観点から、情報の経済学とゲーム理論を基礎とする最新の地方財政理論を展望する。

本章の構成は以下の通りである。第3.2節ではヤードスティック競争の先駆的な研究である Beslay and Case（1995）、Bordignon et al.（2004）、Allers（2012）のモデルを概観し、ヤードスティック競争が地方政府や政治家に与える効果やヤードスティック競争を有効に機能するためにはどのような経済環境が重要であるのかを見る。第3.3節では地方財政論の分野にヤードスティック競争を応用するために重要な研究である Lazear and Rosen（1981）のモデルを展開する。第3.4節においては垂直的外部性のモデルにヤードスティック競争を導入し、ヤードスティック競争が垂直的外部性を矯正することができるのか否かを考察する。第3.5節では結論を述べる。

3.2　地方政府間のヤードスティック競争：先行研究の流れ

本節では、地方政府間のヤードスティック競争における主要な先行研究である Beslay and Case（1995）や Bordignon et al.（2004）、そして Allers（2012）を概観する[1]。

Beslay and Case（1995）の概要は次のようになっている。彼らは、地域を管轄する現職政治家が地方公共財供給量や税率を設定するときに、ヤードスティック競争が現職政治家の行動を効率的な方向へと導くのか否かを分析した。モデルでは、政治家が2期間に渡り政策決定することが仮定されている。そして、1期目の末には選挙が行われる設定になっている。1期目の地方公共財供給量や税率の結果から住民は、第2期にも現職政治家に政策決定を任すのか、または、現職を落選させ他の政治家に任すのかを投票する。このとき、住民は第2期目の地方公共財1単位当たりの税率が最小になるような政治家に投票を行う。現職政治家はこのような住民の投票行動を織り込み、どのような税率を設定すれば再選されるのかを勘案しながら税率を決定する。

　以上がBeslay and Case（1995）の基本モデルの概要であるが、このモデルには地域間の情報のスピルオーバーがないと仮定されている。地域間で情報のスピルオーバーが無ければ、住民が他地域の政治家が設定している地方公共財の質や税率の正確な情報がわからないため、ヤードスティック競争は作用しない。彼らはヤードスティック競争の効果を考察するために、基本モデルに地域間で情報のスピルオーバーが生じているケースを分析している。このようなケースにおいて、地域住民は他地域で設定されている地方公共財の質や税率を基準に自地域のものと比較し、自地域の現職政治家が本当に優れた政策を行っているのか否かを判断することになる。基本モデルに情報のスピルオーバーを仮定し、ヤードスティック競争を導入することで、住民が直面する税率は1期目と2期目を平均すると低下する結果が得られている。1期目において他地域よりも劣った税率を選択すると投票で落選させられるからである。このようにBeslay and Case（1995）はヤードスティック競争が現職政治家の行動を住民が望む適切な方向へと導くことを示している。

　Bordignon et al.（2004）は、Beslay and Case（1995）が示したヤードスティック競争が税率を適切な水準へ導くという結果は、2つの地域が共通のショックを受けている仮定に依存していることを指摘した。Bordignon et al. (2004) は2つの地域が共通のショックを受けているという仮定を緩和し、ヤードスティック競争が税率設定に対して与える効果を考察した。2つの地域が共通のショックを受けていない場合、2つの地域では自然環境や経済環境が同一ではないということである。このとき、住民が他地域の現職政治家の公共財の質や量、税率を基準に自地域の現職政治家の政策を評価しても、他地域の政策の情報は正確な基準とはならない可能性がある。

いま、両地域の公共財の質と量が同じであるとして、自地域の方が他地域よりも高い税率を設定しているとする。自地域の現職政治家が他地域よりも高い税率を設定するのは、他地域にない地域へのショックを受けていて、同一の公共財の質と量を提供するためには、どうしても高税率になる状況にあるのかもしれないし、自地域の現職政治家は悪い政治家であり、ショックは受けていないが自身のためのレントを取るために高税率になっているのかもしれない。したがって、各地域が違ったショックを受けている場合、他地域の政治家の政策は正確な基準とはならない可能性がある。

Beslay and Case (1995) においては、分析を簡単化するために各地域が共通のショックを受けていることが仮定されているが、現実的には地域間のショックが同一であるという仮定は厳しい仮定であると考えられる。そこで、Bordignon et al. (2004) は地域間でショックが同一であるという仮定を緩和させた分析を行っている。すなわち、地域間のショックに相関の程度を導入し、この相関の程度によってヤードスティック競争が持つ効果がどのように変化するのかを考察した。彼らは、地域間のショックの相関が完全であるとき、Beslay and Case (1995) と同様にヤードスティック競争は税率を低下させる効果を持つことを示している。一方で、地域間のショックの相関が弱くなればなるほど、政治家が2期目に設定する税率が高くなることを明らかにした。地域間のショックの相関が弱くなればヤードスティック競争が現職政治家の行動を適正化する効果が小さくなるという分析結果を得ている。

最後にAllers (2012) の概略を述べる。彼は、Bordignon et al. (2004) とは違った視点からヤードスティック競争の問題点を指摘している。その視

点とは、地域間の財政格差である。ここでいう財政格差とは、歳入から歳出を差し引いたものが地域間で異なっている状況を指している。財政格差が存在した場合、ヤードスティック競争の機能が上手く作用することができず、地域住民がレントを取得する悪い政治家を再選させる可能性が高くなることが示されている。

例えば、2つの地域で歳入の方が歳出よりも大きい財政的に豊かな地域と、歳入の方が歳出よりも小さい財政的に貧しい地域が存在しているとする。財政的に豊かな地域は歳入から歳出の差が正であるので、財政的に貧しい地域よりも公共財の供給費用を低くし税率を小さくすることが可能である。財政的に豊かな地域の住民は自地域と他地域の政策を比較し、自地域の政治家の政策の方が優れていると判断し、現職政治家を再選させる。一方で、財政的に貧しい地域の政治家は他地域との政策評価で劣っていると見なされ落選させられる。しかしながら、財政的に豊かな地域の政治家は、歳入から歳出の差額の中からレントを取得する悪い政治家であるかもしれない。そして、財政的に貧しい地域の政治家はレントを取得しない良い政治家であるかもしれない。このように、Allers（2012）は財政格差が存在した場合、本来の悪い政治家を落選させるといったヤードスティック競争の機能にバイアスがかかることを明らかにした。

3.3　労働者の努力水準を引き出すシステムの構築：
Lazear and Rosen（1981）モデル[2)]

次節では、ヤードスティック競争が垂直的外部性を矯正し得るのか否かを考察する。垂直的外部性のモデルと前節までで概観されたヤードスティック競争モデルは構造が大きく異なっているため、ヤードスティック競争と垂直的外部性を同時に分析することは困難である。本節では、ヤードスティック競争と垂直的外部性を同時に考察するために重要な研究である Lazear and Rosen（1981）のモデルを展開する。

1期のみ生存する労働者を考える。その労働者はある企業に雇われ財の生産を行うとする。その労働者の生涯の生産量は、労働者が自身で分布をコントロールすることが可能な確率変数であるとする。具体的には、労働者は労働市場に参入する前に高度な技術を習得するために投資をすることによって生産量の分布の平均を操作することは可能である。また、ある実現される生産量は誰も予測することができないランダム・ファクターにも依存している。雇用者は労働者が生産した財の生産量を観察することができるが、その実現された生産量が、技術習得への投資支出の結果であるのか、あるいは幸運（ランダム・ファクター）が原因であるのか、またはそれら両方が生じたためであるのかの程度を確認することができない。一方で、労働者は自身の生産量と技術習得のための投資支出を知っている。以上のような仮定より、労働者 j の生産量は次式のように示される。

$$q_j = \mu_j + \varepsilon_j \tag{1}$$

ここで、μ_j は技術習得のために投資して得られた技術水準、あるいは平均的な生産量を示している。また、ε_j はランダム・ファクターである。μ_j は労働者が若年世代のときに決定する変数であり、それは ε_j が決まるより事前に決定されると仮定する。技術水準 μ_j は費用 $C(\mu)$ で生産される。また $C'(\mu) > 0$, $C''(\mu) > 0$ である。確率変数 ε_j は、平均ゼロで分散 σ^2 の密度関数に従って独立に決定される。また、ε は i.i.d. であると仮定する。

財の生産に必要な生産要素は(1)式のように、技術水準のみであり、労働者間において生産については加法分離可能であるとする。また、雇用者、労働者はリスク中立的である。労働者の自由参入と完全競争市場の仮定より生産された財1単位当たりの均衡価格は V になる。

いま、労働者がリスク・ニュートラルなもとでの出来高報酬支払システムのモデルを考え、その帰結を考察する[3]。r は生産された財の単価であるとする。割引率は考慮しないとすると、労働者の所得（純利潤）は次式で表される。

$$rq - C(\mu)$$

労働者はリスク中立的であるので、期待所得 $E[rq-C(\mu)]$ は次式のようになる。

$$E[rq-C(\mu)] = r\mu - C(\mu) \tag{2}$$

労働者は、(2)式の期待所得を最大にするように μ を選択する。したがって、一階の条件式は次式のようになる。

$$r = C'(\mu) \tag{3}$$

(3)式は技術水準の限界価値と限界費用が一致するところで、技術水準 μ を選択すべきであることを示している。また、労働者の自由参入と完全競争市場の仮定から $r = V$ であるので、これを考慮すると(3)式は次のように変更される。

$$V = C'(\mu) \tag{4}$$

(4)式は技術水準の社会的な限界価値とその限界費用が一致するところで μ が決まることを示しており、したがって、出来高払報酬システムは効率的である。

次に、順序トーナメントのモデルを考える。2人の労働者が生産量における競争を行うゲームを考える。このゲームのルールは、2人の労働者のうち、生産量の多い労働者に対して報奨金 W_1 を与え、生産量の少ない労働者に対して報奨金 W_2 を与え、これら報奨金 W_1、W_2 の明細を述べることである。W_1 と W_2 は所与であるとする。このシステムでも労働者の生産量は(1)式に従って決まる。競争の結果、生産量 q が多かった方の労働者がこのトーナメントの勝者である。この競争では生産量の順序が労働者の所得に影響を与えるが、勝者の利益率は所得へ影響を与えない。労働者は自身の投資水準（技術水準）を事前に決定する。このとき、労働者は報奨金とゲームのルー

ルを知っているが、労働者間でコミュニケーションを取り、共謀することができないと仮定する。

以上のような仮定の下で、競争的な報奨金（W_1, W_2）の決定を考える。これは、次のような雇用者と労働者の2段階のゲームによって分析することができる。雇用者をシュタッケルベルグ・リーダー、労働者をシュタッケルベルグ・フォロワーであるとすると、このゲームのタイミングは次のように設定される。

第1段階　雇用者はゼロ利潤条件を制約として、報奨金 W_1 と W_2 の変化に伴う労働者が決定する技術水準 μ の変化を予測しながら、労働者の期待効用を最大にするように報奨金 W_1 と W_2 を決定する。
第2段階　各労働者は雇用者が決定する報奨金 W_1, W_2 と他の労働者の技術水準を所与として、自身の期待所得を最大にするように技術水準（投資水準）μ を決定する。

ここで、第2段階の労働者間のゲームではナッシュ・クールノー仮定が採用されている。すなわち、各労働者は他の労働者の戦略を所与として自身の戦略を決定する。

このゲームでは、勝者の所得は報奨金の差によって変化するので、労働者の投資水準（技術水準）を高くするインセンティブは勝者と敗者の報奨金の差（$W_1 - W_2$）が大きくなるに伴って強くなることが分かる。このように、報奨金の差が大きくなればなるほど、労働者は競争に勝つ確率を上昇させようと行動する。一方で、雇用者は他の条件を一定として、報奨金の差を大きくしたい。これは、報奨金の差を大きくすることで、労働者の技術水準をより高くし、企業の生産量を増加させ利潤を増加させたいためである。しかし、報奨金の差を大きくすることで労働者の技術水準が上昇するが、技術水準の向上に伴う限界費用も上昇する。このようなトレード・オフの下で報奨金の差が決定される。

第2段階の労働者の問題から解く。2人の労働者の技術水準のコスト $C(\mu)$ は同じであり、2者の行動は同一であると仮定する。したがって、労働者の期待効用は次式のようになる。

$$P[W_1-C(\mu)]+(1-P)[W_2-C(\mu)]=PW_1+(1-P)W_2-C(\mu) \quad (5)$$

ここで、P は生産量の競争に勝つ確率である。確率 P は分布関数の定義により、次のように示される。

$$\begin{aligned}P\equiv prob(q_j>q_k)&=prob(\mu_j+\varepsilon_j>\mu_k+\varepsilon_k)\\&=prob(\mu_j-\mu_k>\varepsilon_k+\varepsilon_j)\\&=prob(\mu_j-\mu_k>\xi)\\&=G(\mu_j-\mu_k)\end{aligned} \quad (6)$$

ここで、$\xi\equiv\mu_j-\mu_k$ と置いている。ξ は確率密度関数 $g(\xi)$ に従って決定される。また、$G(\cdot)$ は ξ の累積分布関数であり、$E(\xi)=0$ かつ $E(\xi^2)=2\sigma^2$ である[4]。労働者は(5)式の期待効用を最大にするように技術水準 μ を選択する。したがって、労働者の最大化問題は次のように定式化される。

$$\max_{\{\mu\}} \quad (5)$$

労働者の最大化問題の目的関数である(5)式に(6)式を代入し、技術水準 μ に関する一階の条件式を求めると次式を得る。

$$(W_1-W_2)\frac{\partial P}{\partial \mu_i}-C'(\mu_i)=0, \quad i=j,k \quad (7)$$

(7)式左辺第1項目は、μ_i を1単位上昇させたときに勝利確率が高くなることに伴う報酬額の増分である。また、左辺第2項目は μ_i を1単位上昇させたときに伴う限界費用である。(7)式は労働者の μ_i に関する限界便益と限界費用が一致するところで技術水準 μ_i を決定するべきであることを示している。また、最大化のための二階の条件式は次式のようになる。

$$(W_1-W_2)\frac{\partial^2 P}{\partial \mu_i^2}-C''(\mu_i)<0, \quad i=j,k \tag{8}$$

(6)式より、(7)式の確率関数の μ_j に関する偏導関数は次式のように示すことができる。

$$\frac{\partial P}{\partial \mu_j}=\frac{\partial G(\mu_j-\mu_k)}{\partial \mu_j}=g(\mu_j-\mu_k) \tag{9}$$

(9)式を(7)式に代入すると次式を得る。

$$(W_1-W_2)g(\mu_j-\mu_k)-C'(\mu_j)=0 \tag{10}$$

(10)式は労働者 j に関する一階の条件式であり、また、労働者 i に関する一階の条件式は(10)式と対称的である。いま、シンメトリック均衡を考えるとナッシュ解が存在するとき、$\mu_j=\mu_k$ かつ $P=G(0)=1/2$ が成立する。(10)式左辺の $g(\cdot)$ を見ると各労働者が競争に勝利する確率は自身の技術水準と競争者の技術水準に依存して変化することが分かる。(10)式にナッシュ均衡である $\mu_j=\mu_k$ を代入すると次式を得る。

$$C'(\mu_i)=(W_1-W_2)g(0), \quad i=j,k \tag{11}$$

(11)式より、シンメトリック均衡を仮定した場合、労働者の技術水準は報奨金の差 (W_1-W_2) に依存していることが分かる。このような関係は次のように求めることができる。(11)式を全微分すると、

$$C''(\mu_i)d\mu_i=g(0)(dW_1-dW_2), \quad i=j,k \tag{12}$$

が得られる。(12)式より、技術水準の費用関数が次のように導出される。

$$\mu_i=\mu(W_1,W_2), \quad i=j,k \tag{13}$$

(13)式は第2段階における労働者の問題の解である。

次に第1段階の雇用者の問題を解く。雇用者によって実現される総収益は $(q_j+q_k)V$ であり、雇用者にとっての費用は報奨金 (W_1+W_2) である。雇

用者もリスク中立的であると仮定するので、雇用者の期待利潤は次式のようになる。

$$\pi = (\mu_j + \mu_k)V - (W_1 + W_2) \tag{14}$$

いま、シンメトリック均衡を仮定しているので $\mu_j = \mu_k = \mu$ であることとゼロ利潤条件を(14)式に考慮し、整理すれば次式を得る。

$$V\mu = \frac{W_1 + W_2}{2} \tag{15}$$

(15)式は均衡において生産された財の期待価値は期待報奨金に等しくなることを示している。(15)式と $P=1/2$ を労働者の期待効用関数である(5)式に代入すると労働者の期待効用は次式のようになる。

$$V\mu - C(\mu) \tag{16}$$

したがって、第1段階の雇用者の問題は次のように定式化される。

$$\max_{\{W_1, W_2\}} \quad (16)$$
$$s.t. \quad (13)$$

第2段階の解である(13)式を目的関数の(16)式に代入し、W_i ($i=1,2$) に関する一階の条件式を求めると次式が得られる。

$$[V - C'(\mu)]\frac{\partial \mu(W_1, W_2)}{\partial W_i} = 0, \ i=1,2 \tag{17}$$

(17)式左辺の $\partial \mu(\cdot)/\partial W_i$ は報奨金に対する労働者の反応関数であるのでゼロの値はとらない。(17)式がゼロになるためには $V - C'(\mu) = 0$ が成立しなければならない。したがって、次式を得る。

$$V = C'(\mu) \tag{18}$$

(18)式は競争的なトーナメントによる報奨金システムは、出来高払いによる報奨金システムと同様に効率的であることを示している。

以上のように Lazear and Rosen（1981）のモデルは、企業の雇用者と労働者の契約問題を考察した。このようなモデルにおいて労働者を地方政府に、そして雇用者を地域住民に置き換えれば、地方政府間のヤードスティック競争モデルを構築することができる。西垣（2017：第3章）、Nishigaki et al.（2015）では Lazear and Rosen（1981）や Seabright（1996）のモデルを応用し、地方政府間のヤードスティック競争モデルを構築している。次節では、このように構築された地方政府間のヤードスティック競争モデルに垂直的外部性を導入し、ヤードスティック競争が垂直的外部性を内部化することが可能なのかを考察する。

3.4　ヤードスティック競争による垂直的外部性の内部化の可能性

3.4.1　ヤードスティック競争と垂直的外部性

地方公共財の最適供給の達成を阻害する諸問題の一つとして、ある政府の税率変更が他の政府の税率や公共財供給量の決定にどのような影響を与えるのかという問題がある。階層が異なった政府間が課税等で影響を与え合うことは垂直的外部性と呼ばれている。具体的には、課税ベースが中央政府と地方政府で重複している場合に、地方政府が税率を変更した際に、中央政府の税収へ与える影響を地方政府が考慮しないため、この無視された外部性の分だけ、地方公共財が過大に供給されるというものである[5]。

地方政府による公共財供給行動を効率的に導く理論の一つとしてヤードスティック競争がある。ヤードスティック競争とは次のようなものである。自地域住民が、他地域の課税や公共財供給量などの情報を完全に知っており、自地域と他地域の政策を比較し、他地域よりも自地域政府の政策が劣っているならば、投票において自地域の政府を再選させない。このような住民の投票行動を各地方政府は知っているので、他地域よりも良い政策を行おうとする。このように、ヤードスティック競争においては、住民の投票行動が地方政府の行動を効率的なものへと矯正する原動力となっている。しかしながら、

ヤードスティック競争における均衡では、地方政府が自身で得る期待効用を考慮するため、公共財の限界費用が過大に評価され、この過大な限界費用の分だけ地方公共財の供給水準は過少となる。

このように、地方政府による地方公共財供給水準は、垂直的外部性の効果を受けると過大となり、ヤードスティック競争の下では過少供給となる。したがって、ヤードスティック競争が生じている下で、垂直的外部性を考えることで、2つの効果が合わせられ、地方公共財供給の最適性が達成されるかもしれない。本節では、地方政府間がヤードスティック競争下で行動している場合、垂直的外部性が内部化されるのか否かを分析する。

政府の階層が中央政府と地方政府であるとし、戦略的に行動する政府が仮定され、各政府における公共財供給が効率的なのか否かを分析した研究は、Boadway and Keen（1996）、Keen and Kotsogiannis（2002、2003、2004）がある。Boadway and Keen（1996）は、中央政府がシュタッケルベルグ・リーダー、地方政府はシュタッケルベルグ・フォロワーである2段階のゲームを考え、各政府はともに弾力的な労働に対して重複し課税を行っている。また、Keen and Kotsogiannis（2002、2003、2004）は、主に中央政府と地方政府が、同時手番で税率を選択するモデルであり、両政府は地域間を移動可能な資本財に対して重複課税を行っている。これらの先行研究においては、中央政府と地方政府がともに、供給が弾力的である生産要素に対して重複課税するときに発生する垂直的外部性が中心に議論されている。つまり、中央政府や地方政府が税率を変化させたとき、供給が弾力的である課税ベースは縮小したり、または拡大したりするため、他の政府の税収にも影響を与えることになる。本節では、ヤードスティック競争が垂直的外部性を矯正することができるのか否かということと、最適な中央政府による補助金政策を考察するため、2段階のゲームで構成されているBoadway and Keen（1996）のモデルにヤードスティック競争を導入し、分析を進める。

3.4.2 モデル

本細節では、ヤードスティック競争が垂直的外部性を内部化させることが可能なのか否かを考察するため、Boadway and Keen（1996）のモデルに Nishigaki et al.（2015）や東・西垣（2014）において展開されたヤードスティック競争を導入する。モデルの設定は以下の通りである。

2地域からなる経済を考える。地域1と地域2は、住民数、土地面積、企業の生産技術が等しく、対称的な地域であると仮定する。各地域にはそれぞれの地域を管轄する地方政府1と地方政府2が存在する。地域 $i(i=1,2)$ に居住する住民数は n_i であり、経済の総住民数は $N(\equiv n_1+n_2)$ で一定であるとする。また、地域間住民移動はないと仮定する。経済の全住民は選好に関して同質的であり、代表的住民の効用関数は、次式のように表されるとする[6]。

$$U_i = u(x_i, l_i) + b(g_i) + B(G) + \varepsilon_i, \quad i=1,2 \tag{1}$$

ここで、x_i は私的財消費量、l_i は労働の量、g_i は地方政府 $i(i=1,2)$ が選択する地方公共財供給水準、G は中央政府が決定する国家公共財の供給水準である。ε_i は攪乱項であり、地域 i の外生的なショックである[7]。関数 $u(\cdot)$ は準凹関数であり、x_i に関しては増加関数、l_i に関しては減少関数である。関数 $b(\cdot)$ は凹関数であり、g_i に関して増加関数である。関数 $B(\cdot)$ も凹関数であり、G に関して増加関数である。(1)式より、住民の効用水準は、私的財の消費量や公共財の供給量だけではなく確率変数である地域ショックによって変化することがわかる。攪乱項 ε_i は、例えば地域独自の経済環境や、自然環境などのように考えられるものである。具体的には x_i, l_i, g_i, G が決定され、住民はある満足度を得られるが、日本経済が突如、好景気になったりすれば、住民の効用水準は上昇するだろう。また、地域の自然環境によって台風や豪雪などが起これば、中央政府や地方政府が決定したある公共財の供給量 G と g_i の下で得られる住民の満足度は減少するだろう。(1)式は、このような状況を表している。

住民は U_i を観察することはできるが、g_i, G や ε_i の値を観察することができない。また、地方政府は、g_i を決定する段階では、ε_i がどのような値であるのか観察することはできない。このような仮定の下では、住民は、自身の効用水準 U_i が低いからといって、一方的に、中央政府や地方政府の公共財供給量 g_i, G の責任にすることはできない。住民は、U_i だけの効用水準を得ることができるが、政府による g_i や G の貢献であるのか、政府が供給する公共財以外の外生的なショック ε_i の貢献であるのか観察することができないからである。これは、住民は、中央政府や地方政府が実際にどのように公共財の供給を行っているのか知ることができないということであり、住民と中央政府や地方政府の間にある情報の非対称性の状況を表している。

住民は、地域の企業に l_i 単位の労働を供給し、賃金 w_i を得るとする。住民が得る所得は労働賃金のみである。中央政府と地方政府 i は、それぞれ住民の労働量に比例的に課税する。中央政府の税率は T であり、地方政府 i の税率は t_i である。労働賃金から中央政府と地方政府による労働への比例税を差し引かれた税引き後所得によって、住民は私的財を購入する。したがって、住民の予算制約は次式のように表される。

$$x_i = (w_i - \tau_i) l_i, \quad i = 1, 2 \qquad (2)$$

ここで、$\tau_i \equiv t_i + T$ とおいている。(1)式の効用関数を目的関数として、(2)式を制約とした住民の最適化問題を解くと、次の1階の条件式を得る。

$$(w_i - \tau_i) u_x^i + u_l^i = 0, \quad i = 1, 2 \qquad (3)$$

(3)式と(2)式より、私的財の需要関数と労働供給関数は次式のように得られる。

$$x_i = x_i(w_i - \tau_i), \quad i = 1, 2 \qquad (4)$$
$$l_i = l_i(w_i - \tau_i), \quad i = 1, 2 \qquad (5)$$

ここで、$l_i'(w_i - \tau_i) > 0$ である。(4)式と(5)式を(1)式に代入すると、住民の

間接効用関数が次式のように得られる。

$$V_i = v(w_i - \tau_i) + b(g_i) + b(G) + \varepsilon_i, \quad i = 1, 2 \quad (6)$$

ここで、$v(w_i - \tau_i) \equiv u(x_i(w_i - \tau_i), l_i(w_i - \tau_i))$ と置いている。(6)式を賃金 w_i で偏微分すると包絡線定理より、

$$v'_i = u^i_x l_i, \quad i = 1, 2 \quad (7)$$

を得る[8]。

企業は土地と労働を用いて生産物 y_i を生産している。企業の生産関数は $y_i = f(n_i l_i)$ である。土地の投入量は外生的に与えられているとするので、生産関数には明示的に示さない。生産関数は労働量に関して増加関数であり、強い意味での凹関数である。さらに、$f(0) = 0$ である。企業が生産した生産物 $f(n_i l_i)$ は、私的財 x_i、地方公共財 g_i、国家公共財 G のいずれにも1単位対1単位で変換可能であると仮定する。生産物市場は競争的であり、企業は一定の生産水準 ($y^0_i = f(n_i l_i)$) を制約として、利潤 ($\pi_i = f(n_i l_i) - w_i n_i l_i$) を最大にするように、$w_i$ と l_i を決定する。このような企業の問題を解くと、次の利潤最大化条件を得る。

$$w_i = f'[n_i l_i (w_i - \tau_i)] \quad (8)$$

(8)式と生産制約式 ($y^0_i = f(n_i l_i)$) より、次の賃金関数と労働需要関数を得る。

$$w_i = w_i(\tau_i, n_i) \quad (9)$$
$$l_i = l_i(\tau_i, n_i) \quad (10)$$

また、(8)式を全微分することにより τ_i と n_i が w_i に与える影響を次のように導出することができる。

$$w^i_\tau = \frac{-f'' n_i l'_i}{1 - f'' n_i l'_i} \in (0, 1) \quad (11)$$

$$w_\tau^i = \frac{w_\tau^i l_i}{n_i l_i'} < 0 \tag{12}$$

すべての土地は公的所有であるとする。したがって、企業は地代を中央政府と地方政府へ支払う。これは、土地に100%課税し、公共支出額を賄うことが効率的であるとするヘンリージョージの定理に則したものである。企業は地代税を $\theta \in [0,1]$ の割合だけ中央政府に、$(1-\theta)$ の割合を地方政府に収める。生産関数 $f(\cdot)$ は一次同次関数であるので、地代 r_i は次式のように表される。

$$r_i(\tau_i, n_i) = f[n_i l_i(w_i(\tau_i, n_i) - \tau_i)] - n_i l_i(w_i(\tau_i, n_i) - \tau_i) f'[n_i l_i(w_i(\tau_i, n_i) - \tau_i)] \tag{13}$$

(13)式を τ_i と n_i に関して偏微分し、適宜(11)式と(12)式を代入すれば、τ_i と n_i が地代 r_i に与える影響が次式のように導出される。

$$r_\tau^i = (1 - w_\tau^i) f'' n_i^2 l_i l_i' = \frac{n_i^2 l_i f'' l_i'}{1 - f'' n_i l_i'} < 0 \tag{14}$$

$$r_\tau^i = -\frac{r_\tau^i l_i}{n_i l_i'} > 0 \tag{15}$$

地方政府 i は地域 i の居住民のみが便益を享受することが可能な地方公共財 g_i を供給する。一方で、中央政府は地域1と地域2における経済の全住民が等量消費できる国家公共財 G を供給する。g_i は労働量に対する比例税、中央政府からの補助金と地代によって賄われる。また、中央政府は労働に対する比例税と地代によって国家公共財と地方政府への補助金を賄うとする。したがって、地方政府 i と中央政府の予算制約式は、

$$g_i = n_i t_i l_i [w_i(\tau_i, n_i) - \tau_i] + S + (1-\theta) r_i(\tau_i, n_i), \quad i=1,2 \tag{16}$$

$$G = T \sum_{i=1}^{2} n_i l_i [w_i(t_i, n_i) - \tau_i] - 2S + \theta \sum_{i=1}^{2} r_i(\tau_i, n_i) \tag{17}$$

となる。後の議論では対称的な2地域を想定したシンメトリック均衡に焦

点を当てる。そのため、シンメトリック均衡を仮定したもとでの地方政府と中央政府の予算制約を次のように挙げておく。

$$g = ntl[w(\tau,n)-\tau]+S+(1-\theta)r(\tau,n) \quad (18)$$

$$G = T \cdot 2nl[w(\tau,n)-\tau]-2S+2\theta r(\tau,n) \quad (19)$$

後の議論に用いる(18)式に関する偏導関数は次式のようになっている。

$$g_t = nl+ntl'(w_\tau-1)+(1-\theta)r_\tau \quad (20)$$

$$g_T = ntl'(w_\tau-1)+(1-\theta)r_\tau = g_t-nl \quad (21)$$

$$g_S = 1 \quad (22)$$

また、(19)式に関する後に必要な偏導関数は、下記のとおりである。

$$G_T = 2nl+T2nl'(w_\tau-1)+2\theta r_\tau \quad (23)$$

$$G_t = T \cdot 2nl'(w_\tau-1)+2\theta r_\tau = G_T-2nl \quad (24)$$

$$G_S = -2 \quad (25)$$

3.4.3 地方公共財の最適供給条件とヤードスティック競争下における均衡条件

①地方公共財の最適供給条件

ここでは、3.4.2で設定されたモデルにおいて地方公共財が最適に供給されるための条件を導出する。そして、ヤードスティック競争均衡において導出された地方公共財供給条件と比較し、ヤードスティック競争モデルで達成される地方公共財の供給水準が最適であるのか否かを考察する。そのために、

中央集権国家が決定する社会的最適な地方公共財の供給条件を以下で求める。中央集権国家とは、国と地方政府が統合された体制であり、中央集権国家の予算制約は中央政府と地方政府の予算制約式を統合したものとなる。中央集権国家の目的関数である社会厚生関数 W は、地域 1 と地域 2 に居住する住民の総効用水準である。

中央集権国家は、地方政府 1 と地方政府 2 の統合された予算制約を制約条件とし、社会厚生関数 W を最大化するように $\tau_i (i=1,2)$、$g_i(i=1,2)$、G を決定する。このような中央集権国家の最適化問題は以下のように定式化される[9]。

$$\max_{\{\tau_1,\tau_2,g_1,g_2,G\}} W \equiv \sum_{i=1}^{2} n_i[v(w_i(\tau_i,n_i)-\tau_i)+b(g_i)+B(G)+\varepsilon_i]$$

$$\text{s.t.} \quad \sum_{i=1}^{2} g_i + G = \sum_{i=1}^{2} n_i \tau_i l_i [w_i(\tau_i,n_i)-\tau_i] + \sum_{i=1}^{2} r_i(\tau_i,n_i)$$

上記の問題は通常のラグランジュ未定乗数法によって解くことができる。ラグランジュ関数 L は次のように定義することができる。

$$L \equiv \sum_{i=1}^{2} n_i[v(w_i(\tau_i,n_i)-\tau_i)+b(g_i)+B(G)+\varepsilon_i]$$
$$+ \lambda \left\{ \sum_{i=1}^{2} g_i + G - \sum_{i=1}^{2} n_i \tau_i l_i [w_i(\tau_i,n_i)-\tau_i] - \sum_{i=1}^{2} r_i(\tau_i,n_i) \right\}$$

ここで、λ はラグランジュ未定乗数である。ラグランジュ関数を $\tau_i(i=1,2)$、g_i, G, λ で最適化することによって得られた 1 階の条件式群を整理すると以下のような地方公共財と国家公共財の供給に関する最適条件が導出される。

$$n_i \frac{b'(g_i)}{u_x^i(x_i,l_i)} - N \frac{B'(G)}{u_x^i(x_i,l_i)} = \frac{1}{1-\frac{\tau_i l_i'}{l_i}}, \quad i=1,2 \qquad (26)$$

(26)式の $b'(g_i)$ は g_i が追加的に 1 単位増加したときに伴う、効用の増加分であり、$B'(G)$ は G が追加的に 1 単位増加したときに伴う、効用の増加分である。また、$u_x^i(x_i,l_i)$ は、x_i が追加的に 1 単位増加したときに伴う、効用の増加分を表している。したがって、(26)式左辺の項は、地域住民の私的

財の限界効用で測った地方公共財の限界効用を地域住民数の n_i 人分だけ足し合わせたものとなっている。また、(26)式の中間の項は、私的財の限界効用で測った国家公共財の限界効用を経済の全住民数 $N(\equiv n_1+n_2)$ 人分だけ足し合わせたものとなっている。(26)式の右辺は、地方公共財と国家公共財の限界費用であり、課税の限界費用（marginal cost of public funds、以下ではMCPFと表記する）と呼ばれているものである。一括固定税の場合、最適条件は公共財供給の限界費用である1に等しくなることを要請するが、いま、労働に対する課税を考えているので、公共財供給の限界費用は1とはならない。$\tau_i l'_i/l_i>0$ であるので、$[1-(\tau_i l'_i/l_i)]<1$ となるため、$\{1/[1-(\tau_i l'_i/l_i)]\}>1$ となる。これは、労働課税の場合、一括固定税よりも公共財が非効率的に過少に供給されることを示している。また、土地に対する課税のみで公共財供給が可能である場合に、労働課税 $\tau_i=0$ が設定されれば(26)式左辺のMCPFは1となり、ファーストベストが達成される。

②ヤードスティック競争下における公共財の供給条件

次に、ヤードスティック競争下で達成される地方公共財の供給条件を導出する。中央政府がシュタッケルベルグ・リーダーであり、地方政府がシュタッケルベルグ・フォロアーであると仮定する。ゲームのタイミングは次のように仮定する。第1段階目に中央政府は自身が決定する G, T, S が、地方政府が決定する g_i と t_i へ与える影響を予測しながら、社会厚生関数 W が最大になるように G, T, S を決定する。第2段階では、地方政府は中央政府が決定する G, T, S を所与として、自身の期待効用を最大にするように g_i と t_i を決定する。

住民の効用水準は、次のような手順で決定されると仮定する。最初に、中央政府が G, T, S を決定する。次に、地方政府が $g_i(i=1,2)$ と $t_i(i=1,2)$ を同時に選択する。いま、$t_i(i=1,2)$ と T が決定されているので、$\tau_i(i=1,2)$ も決定されている。一方で、人口 $n_i(i=1,2)$ は外生的に与えられている。$\tau_i(i=1,2)$ と $n_i(i=1,2)$ が決まることから賃金 $w_i(i=1,2)$ が決まり、労働供

給 $l_i=l_i(w_i-\tau_i)$ が決まる。このようにして、住民の私的財消費量 $x_i(i=1,2)$ が決まる。次に、攪乱項 ε_1, ε_2 が独立に平均ゼロの密度関数 $D(\varepsilon)$ に従い決定され、住民の効用水準が決まる[10]。

住民は他地域住民が享受する効用水準を知っており、それと自地域で得られた効用水準を比較し、自地域の地方政府を選挙によって再選させるか否かを決定する。すなわち、住民は、自身の効用水準が少なくとも他地域の住民の効用水準を越えれば、当該地域の地方政府を再選させ、そうでないならば落選させる。したがって、地方政府 i が再選されるための条件は、

$$v(w_i(\tau_i,n_i)-\tau_i)+b(g_i)+B(G)+\varepsilon_i \geq v(w_j(\tau_j,n_j)-\tau_j)+b(g_j)+B(G)+\varepsilon_j,$$
$$i,j=1,2, i\neq j \quad (27)$$

となる。(27)式をみると、地方政府 i が再選するか否かは地方政府 j の公共財供給量 g_j にも依存することが分かる。つまり、g_j が増加すると再選するために g_i も増加させなければならない。このような再選条件が、地方政府間のヤードスティック競争を生み出している。

選挙の結果、地方政府が再選したとき、再選レント R を得ることができるとする。$\eta(g_i)$ は、地方公共財を g_i だけ供給したとき地方政府が得られる効用水準であり、$\eta'(g_i)<0$, $\eta''(g_i)<0$ を満たすとする。これは、地方政府 i が追加的に1単位だけ地方公共財の供給量を増加させたとき、地方政府自身の効用水準が $\eta'(g_i)$ だけ減少することを示しており、地方政府 i が地方公共財 g_i を供給するためには費用が発生することを仮定している[11]。したがって、地方政府が再選されたときに得る期待利得は、効用 $\eta(g_i)$ に再選したときに受取る再選レント R に再選確率を乗じた値を加えたものであり、

$$E_i \equiv \eta(g_i)+R \cdot pr(v(w_i(\tau_i,n_i)-\tau_i+b(g_i)+B(G)+\varepsilon_i \geq v(w_j(\tau_j,n_j)-\tau_j$$
$$+b(g_j)+B(G_i)+\varepsilon_j), i,j<1,2, i\neq j$$

のように定義することができる。ここで、$pr(\cdot)$ は、地方政府が再選する確率を示している。地方政府は自身の期待利得を最大化するように税率 t_i と地

方公共財 g_i を決定するので、以上のようなヤードスティック競争下での地方政府の最適化問題は、次のように定式化することができる。

$$\max_{\{g_i,t_i\}} E_i$$
$$\text{s.t.} \quad (18)$$

分布関数の定義より、

$$pr(v(w_i(\tau_i,n_i)-\tau_i)+b(g_i)+B(G)+\varepsilon_i \geq v(w_j(\tau_j,n_j)-\tau_j)-\tau_j)+b(g_j)+B(G)+\varepsilon_j)$$
$$=\int_{-\infty}^{v(w_i(\tau_i,n_i)-\tau_i)+b(g_i)-v(w_j(\tau_j,n_j)-\tau_j)-b(g_j)} f(t)dt, \; i,j=1,2, \; i \neq j \quad (28)$$

である[12]。(18)、(28)式を地方政府の最適化問題の目的関数に代入し、t_i に関する地方政府 i の 1 階の条件を求めると、次式が得られる。

$$R(v'(w_\tau^i-1)+b'(g_i)g_t^i)f(v(w_i(\tau_i,n_i)+b(g_i)-v(w_j(\tau_j,n_j)-\tau_j)-b(g_j))$$
$$+\eta'(g_i)g_t^i=0 \quad (29)$$

以下ではシンメトリック均衡を仮定する。その下では、地域の添え字は省略され、(29)式は次のように変更される。

$$\eta'(g)g_t+R(v'(w_\tau-1)+b'(g)g_t)f(0)=0 \quad (30)$$

(30)式を次のように変形させる。

$$R \cdot v'(w_\tau-1) \cdot f(0)+R \cdot b'(g)g_t \cdot f(0)=-\eta'(g)g_t \quad (31)$$

(31)式の直観的解釈は次の通りである。(31)式左辺第 1 項目は、地方税率 t が上昇したときの地域住民の効用水準の低下によって地方政府が再選レントを獲得できる確率の低下分を示している。(31)式左辺第 2 項目は、t の上昇によって g の供給量に変化をもたらし、住民の効用へ影響を与え、再選レントが得られる確率が変化する効果を示している。最後に、(31)式右辺は、t が上昇したときに g の供給量が変化し、地方政府の効用を変化させる効果

である。(31)式の左辺第2項目と右辺の効果はg_tの符号が確定しないため、正の効果か、負の効果かは判断できない。

(31)式に(7)式を代入し、整理することで次式を得る。

$$n\frac{b'(g_i)}{u_x(x,l)} = -\frac{n}{u_x(x,l)}\frac{\eta'(g_i)}{R \cdot f(0)} + \frac{1}{1-\dfrac{l'}{l}-\theta f''nl'} \quad (32)$$

(32)式において、$\eta'(g_i)<0$, $R \cdot f(0)>0$ であるので、右辺第1項目の符号は正となるため、(32)式右辺第1項目はヤードスティック競争下における地方公共財供給を過少供給に導く効果を示したものである。(32)式右辺第2項目の分母は、(24)式と(14)式を用いることで次式のように変形することができる[13]。

$$1-\frac{tl'}{l}-\theta f''nl' = 1-\frac{\tau l'}{l}+\frac{Tl'}{l}-\theta f''nl' = 1-\frac{\tau l'}{l}+\frac{G_t}{(w_\tau-1)2nl}$$

上式において、$G_t<0$, $(w_\tau-1)<0$ であるので、$[G_t/(w_\tau-1)knl]>0$ となる。したがって、地方政府は、セカンド・ベストである(26)式のMCPFよりも小さなMCPFを設定し課税を決定することが分かる。すなわち、(32)式右辺第2項目は、垂直的外部性による地方公共財供給の過大性を示す項である。(32)式より、次の命題を得る。

命題1　ヤードスティック競争下における地方公共財供給水準は、ヤードスティック競争下における地方公共財を過少に導く効果と垂直的外部性による過大に導く効果の大きさに依存している。

(32)式右辺の第1項目と第2項目の和が(26)式右辺のMCPFに等しくなるときには、地方公共財の供給水準は、セカンド・ベストの水準を達成する。(32)式において、ヤードスティック競争の過少性が垂直的外部性を内部化する条件を求めると、次式のようになる。

$$-\frac{n}{u_x(x,l)}\frac{\eta'(g_i)}{R \cdot f(0)} + \frac{1}{1-\dfrac{tl'}{l}-\theta f''nl'} = \frac{1}{1-\dfrac{\tau l'}{l}-\theta f''nl'} \quad (33)$$

(33)式を満たすような (32) 式の左辺第1項目を解くと、次式が得られる。

$$-\frac{n}{u_x(x,l)}\frac{\eta'(g_i)}{R \cdot f(0)} = \frac{\dfrac{Tl'}{l}-\theta f''nl'}{\left(1-\dfrac{tl'}{l}-\theta f''nl'\right)\left(1-\dfrac{\tau l'}{l}\right)} \quad (34)$$

(34)式の結果は次の命題としてまとめることができる。

命題2 (34)式が成立するとき、ヤードスティック競争下で引き起こされる地方公共財供給の過少性は、垂直的外部性の過大性を内部化し、地方公共財の供給水準は最適な水準を達成する。

(34)式を達成するためには、どのようにして(34)式左辺を変化させればよいのだろうか。(32)式右辺第1項目を見ると、再選レント R または誤差項に関する確率密度関数 $f(\cdot)$ が十分に大きくなれば右辺第1項目の値を小さくすることが可能であることが分かる。

再選レントの上昇は、地方政府が再選された場合の報酬を表しており、再選した際の報酬が大きければ大きいほど、大きな再選レントを得たいがために、地方政府の再選へのインセンティブはより大きくなる。そのために、自身の効用が低下しても、g_i を増大させる。その結果、g_i は住民が望んでいる水準に近づく。このように g_i が増加することにより、過少供給が緩和される。

また、$f(\cdot)$ は誤差項に関する確率密度関数である。この値を大きくするための手段は、標準偏差 σ を小さくすることである[14]。標準偏差 σ を小さくしたとき、誤差項 ε_i は小さな範囲で変化することになる。すなわち、住民の効用水準に与える外生的ショックが小さくなるため、地方政府が g_i を

供給した際の、住民の効用水準が上昇するか否かの不確実性が解消される。このとき、g_i を供給すれば再選する確率も増加するため、地方政府は公共財供給量を増加させるだろう。標準偏差 σ は、ここでは地域間の格差と解釈することができる。したがって、地域間格差を小さくすることで、地方公共財供給量の過少性は緩和させることが可能となる。

以上で述べたことで重要なことは、再選レント R や地域間格差（標準偏差 σ）を操作することで、(32)式右辺第1項目の値が大きくなったり小さくなったり変化することである。(34)式を満たすような再選レントや地域間格差を設定することが重要な政策になると考えられる。

次に、後の議論に必要な国税率 T が地方税率 t に与える影響を導出する。地方政府の1階の条件である(30)式より、地方政府が決定する課税 t は中央政府の T と S、地代収入のシェア θ、地域人口 n、再選レント R に依存していることが分かる。地方政府の地方税率関数は次式のように表される。

$$t=t(T,S;\theta,n,R) \qquad (35)$$

ここで、(35)式より、中央政府の政策変数 T と S が地方税 t に与える影響を以下のように導出することができる。

$$t_T=-1+\frac{(w_\tau-1)\left\{-nl[\eta(g)+Rf(0)b''(g)]\dfrac{Rf(0)v'}{-[\eta'(g)+Rf(0)b'(g)]}-nl'[\eta'(g)+b'(g)]\right\}}{\eta''(g)(g_t)^2+\eta'(g)g_{tt}+Rf(0)[v'(w_\tau-1)^2+v''w_{\tau\tau}+b''(g)(g_t)^2+b'(g)g_{tt}]} \qquad (36)$$

$$t_s=-\frac{\eta''(g)gt+Rf(0)b'(g)}{\eta''(g)(g_t)^2+\eta'(g)g_{tt}+Rf(0)[v'(w_\tau-1)^2+v'w_{\tau\tau}+b''(g)(g_t)^2+b'(g)g_{tt}]} \qquad (37)$$

(36)式と(37)式の右辺の分母はともに最適化の2階の条件となっており、符号は負である。(36)式における t_T および $(1+t_T)$ の符号と(37)式の t_s の符号は確定されない。Boadway and Keen (1996) では t_T の符号は確定されないが、$(1+t_T)$ の符号はプラスで確定されており、また、t_s については

$t_s \geq 0$ となっている。本節で $(1+t_T)$ の符号が確定されない理由は、地方税率 t の変化によって地方公共財供給 g の変化を通じた地方政府の効用変化分である $\eta'(g)$ と住民の効用 $b'(g)$ の符号が逆だからである。(37)式においても地方政府の1階の条件において $\eta'(g)$ と $b'(g)$ の符号が逆であるために g_t の符号が確定されないため、t_s の符号は確定されない。

次に、第1段階の中央政府による最適化問題を解く。中央政府が直面する問題は次のように定式化することができる。

$$\max_{\{T,S,G\}} V \equiv v(w(\tau,n)-\tau) + b(g) + B(G) + \varepsilon$$
$$\text{s.t.} \quad (18), (19), (35)$$

全ての制約条件を目的関数に代入し、住民の効用水準 V を国税率 T で偏微分し、1階の条件式を求めると、

$$\frac{\partial V}{\partial T} = v'(w_\tau - 1)(t_T + 1) + b'(g)(g_t t_T + g_T) + B'(G)(G_T + G_t t_T) = 0 \quad (38)$$

を得る。(7)式、(11)式、(14)式、(20)式、(23)式を(38)式に代入し、整理すると次式を得る。

$$\frac{2nB'(G)}{u_x(x,l)} = \frac{nb'(g_i)}{u_x(x_i,l_i)} \left[\frac{1}{1 + G_t(1+t_T)/2nl} \right] \quad (39)$$

(39)式より、中央政府の MCPF が地方政府の MCPF より大きな値をとるのか、小さな値をとるのかは(39)式右辺角括弧内の値に依存していることが分かる。(39)式右辺角括弧内の値がどのような値をとりうるのかを次に見よう。$T>0$ のとき、$G_t<0$ であるが、しかしながら、$(1+t_T)$ の符号は正と負の場合がある。したがって、その両方のケースによって、(39)式右辺角括弧内の値は次のような値をとることになる。

$$(1+t_T) > 0 \text{ のとき、} \left[\frac{1}{1 + G_t(1+t_T)/2nl} \right] > 1 \quad (40)$$

$$(1+t_T)<0 \text{ のとき、} \left[\frac{1}{1+G_t(1+t_T)/2nl}\right]<1 \qquad (41)$$

(39)式右辺角括弧内の値は $(1+t_T)>0$ のとき、1 より大きくなり、$(1+t_T)<0$ のとき、1 より小さくなる。したがって、(39)式の下で、(40)式が満たされるときには、中央政府の MCPF は地方政府の MCPF よりも大きくなり、(41)式が満たされるときには、中央政府の MCPF は地方政府の MCPF よりも小さくなることが分かる。

中央政府の問題において、住民の効用関数 V を補助金 S に関して偏微分すると次式を得る。

$$\frac{\partial V}{\partial S}=v'(w_\tau-1)t_S+b'(g)g_t t_S+B'(G)[G_t t_S+G_S] \qquad (42)$$

(42)式に(7)式、(11)式、(14)式、(20)式、(23)式、(25)式を代入し整理すると、

$$\frac{\partial V}{\partial S}\frac{n}{u_x(x,l)}=\left(\frac{nb'(g)}{u_x(x,l)}-\frac{2nB'(G)}{u_x(x,l)}\right)+\frac{nB'(G)}{u_x(x,l)}G_t t_S \qquad (43)$$

を得る。Boadway and Keen (1996) においても指摘されているように、(43)式の右辺第 1 項目は、$(1+t_T)>0$ であるとき、(40)式を満たすので、MCPF の小さな地方政府から MCPF の大きな中央政府への補助金が望ましいことを示している。しかしながら、本章では地方政府の効用関数が入っているため、$(1+t_T)<0$ のケースも存在する。$(1+t_T)<0$ である場合、(41)式を満たすため、MCPF の小さな中央政府から MCPF の大きな地方政府への補助金が望ましいことを示している。これは、次の命題としてまとめることができる。

命題 3　ヤードスティック競争下において、地方政府の公共財の限界効用と住民の限界効用の大きさに依存して、地方政府から中央政府への補助金が望ましい場合と、中央政府から地方政府への補助金が望ましい場合が存在

する。

Boadway and Keen（1996）では地方政府から中央政府への補助金が望ましくなることが示されていた。一方で、命題3はヤードスティック競争が生じている場合、従来からの中央政府から地方政府への補助金が望ましい場合もあることを示したものである。しかしながら、この議論は(43)式右辺第1項目にのみに焦点を当てた議論であることに注意が必要である。すなわち、$\partial V/\partial S$ の符号は(43)式右辺第2項の符号にも依存しており、ここでは t_S の符号が確定されていないことから、(43)式全体で見ると $\partial V/\partial S$ の符号は確定されない。

次に、中央政府による最適な補助金を求める。そのため、(39)式を次のように変形させる。

$$\frac{2nB'(G)}{u_x(x,l)}-\frac{nb'(g)}{u_x(x,l)}\left[\frac{1}{1+G_t(1+t_T)/2nl}\right] \quad (44)$$

また、中央政府の補助金 S に関する1階の条件式（$\partial V/\partial S=0$）と(7)式より次式を得る。

$$\frac{nb'(g)}{u_x}=\frac{2nB'(G)}{u_x}\left(1-\frac{1}{k}G_t t_S\right) \quad (45)$$

(45)式を(44)式に代入すると次式を得る。

$$G_t\left(\frac{1+t_t}{knl}+\frac{1}{k}t_S\right)=0 \quad (46)$$

(46)式左辺の丸括弧内は一般的にゼロにはならないので、$G_t=0$ が得られる。$G_t=0$ を(24)式を用いて、国税率 T について解くと次式を得る。

$$T^*=\theta f''nl \quad (47)$$

ここで、$f''<0$ であるので(31)式の T^* はマイナスの値をとる。これは、中央政府は労働へ $\theta f''nl$ の額だけ補助金を支払うことが最適な戦略であることを示しているが、本節ではヤードスティック競争の地方公共財供給過少の効

果があるため、このような補助金政策を行っても、セカンド・ベストの条件(26)式を達成することはできない[15]。このようにヤードスティック競争が生じている場合、中央政府はセカンド・ベストを達成することはできない。したがって、セカンド・ベストを達成するためには、命題2のような状態にするべく、再選レントや地域間格差を適切に設定する政策が必要であることが分かる。

3.4.4 まとめ

本節では、垂直的外部性を考察した Boadway and Keen (1996) のモデルにヤードスティック競争を導入し、ヤードスティック競争が垂直的外部性を内部化させることが可能か否かを考察した。本節で得られた主な結論は次の通りである。

第1にヤードスティック競争下においては地方公共財供給は過少になる効果があり、一方で、垂直的外部性においては過大に導かれる効果があるため、ヤードスティック競争には垂直的外部性の過大効果を緩和する作用があることが明らかになった。また、ある一定の条件の下で、ヤードスティック競争の効果が垂直的外部性の効果を内部化することが可能であることが導かれた。第2に最適な補助金政策に関して、Boadway and Keen (1996) では地方政府から中央政府への補助金政策が望ましいとの結論を得ていたが、ヤードスティック競争下における垂直的外部性が発生している経済においては、地方政府から中央政府への補助金が望ましいケースと、そして逆に、従来からの中央政府から地方政府への補助金が望ましいケースも存在することが明らかになった。

さらに、本節のモデルにおいては、中央政府がシュタッケルベルグ・リーダとして行動したとしても、Boadway and Keen (1996) と同様に、中央政府がセカンド・ベストの状態を達成することはできない。中央政府は垂直的外部性のみを内部化することはできるが、ヤードスティック競争下における公共財の過少性を矯正することはできない。このような場合、再選レント

や地域間格差を適切に設定することで、ヤードスティック競争下における公共財の過少供給や垂直的外部性における過大供給の問題を解決する政策が必要であることが明らかになった。

3.5 おわりに

本章では最初にこれまでの地域間ヤードスティック競争の主要な先行研究であるBesley and Case (1995)、Bordignon et al. (2004)、Allers (2012)のモデルを概観した。その後にヤードスティック競争と垂直的外部性を同時に分析するために重要なLazear and Rosen (1981) のモデルを展開し、このモデルを応用し、ヤードスティック競争と垂直的外部性を同時に考察可能なモデルを構築した。

先行研究は次のような結果を示している。Besley and Case (1995) はヤードスティック競争が政治家の行動を適切な方向へと導くことを明らかにした。Bordignon et al. (2004) は地域が共通のショックを受けていなければ、ヤードスティック競争の機能は有効に作用しないことを指摘している。また、Allers (2012) は地域間に財政格差が存在する場合、ヤードスティック競争の機能が作用するために重要な他地域の政策の評価基準にはバイアスがかかり、良い政治家よりも悪い政治家を再選させる可能性を示した。Lazear and Rosen (1981) は順序トーナメントの報奨金制度が労働者の努力水準を効率的な水準へと導くことを明らかにしている。そして、第4節ではヤードステック競争はある条件の下で垂直外部性を内部化することが可能であることが示された。

これらの結果から、ヤードスティック競争が地方政府や政治家の行動を住民が望むような適切な行動へと導く機能を持つためには、住民が自地域の地方政府の政策を評価する正確な基準を知っていることが最も重要な点であることがわかる。効率的な行政を行うためには、地方政府の活動、より具体的には地方政府の公共財や公共サービスの生産コストや地方政府の努力水準、

そして各地域住民の満足度水準などの情報が正しく全住民に伝わっていなければならないことが分かる。地方政府の活動の透明性を強め、地域住民へ政府の状態をより詳細に公表することで、豊富な政策情報を構築し、住民へ正確な政策評価を促すことで、ヤードスティック競争が活発化されることになる。政策情報と政策評価基準の整備が地方行政の効率化にとって重要な政策の一つとなるだろう。

注

1) Beslay and Case（1995）、Bordignon et al.（2004）、Allers（2012）のモデルの詳細な展開は東・西垣（2017）においてサーベイされている。
2) 本節における議論は Lezear and Rosen（1981）に依るところが多い。
3) 出来高報酬支払システムとは、労働者が生産した財の量 q にその単価 r を乗じた分だけ報酬として労働者に与えるシステムである。
4) これは、$\varepsilon = (\varepsilon_j, \varepsilon_k)$ が i.i.d. である仮定より得られる。
5) 垂直的外部性に関する主なサーベイ論文として、Keen（1998）、堀場（2002、2008：第7章）がある。
6) 後に必要な効用関数の偏微分は、$u_x^i \equiv \partial u(x_i, l_i)/\partial x_i$, $b'(g_i) \equiv \partial U_i/\partial g_i$, $B'(G) \equiv \partial U_i/\partial g_i$, $b''(g_i) \equiv \partial^2 U_i/\partial g_i^2$, $B''(G) \equiv \partial^2 U_i/\partial G_i^2$, のように表記する。
7) 攪乱項 ε_i は期待値が 0、地域間で独立かつ同一の分布を持つ連続的な確率変数である。
8) $v_i' \equiv dv(w_i - \tau_i)/d(w_i - \tau_i)$ である。
9) 中央政府と地方政府の予算制約が統合されているので、中央政府の補助金は政策変数から消去されている。
10) この手順は、Lazear and Rosen（1981）を参考にして構築した。
11) この仮定は、Seabright（1996）と同様の仮定である。
12) f は確率密度関数である。
13) この式の変形過程は Boadway and Keen（1996）と同様である。
14) 確率密度関数を平均が 0、分散が σ^2 の正規分布、$f(t) = (\sqrt{2\pi}\sigma)^{-1} \cdot e^{-\frac{(t)}{2\sigma^2}}$ のように特定化した上での議論である。
15) Boadway and Keen（1996）では $T^* = \theta f'' nl$ を設定することでセカンド・ベストを達成することができる。

参考文献

Allers, M. A.（2012）"Yardstick competition, fiscal disparities, and equalization," Economics Letters, Vol. 117, pp. 4-6.

Besley, T. and A. Case (1995) "Incumbent behavior: vote seeking, tax setting and yardstick competition," American Economic Review, Vol.85, pp. 25-45.

Boadway, R. and M. J. Keen (1996) "Efficiency and the optimal direction of federal-state transfers." International Tax and Public Finance, Vol. 3, pp. 137-155.

Bordignon, M., Cerniglia, F. and Revelli, F. (2004) "Yardstick competition in intergovernmental relationships: theory and empirical predictions," Economics Letters, Vol. 83, pp. 325-333.

Nishigaki, Y., Y. Higashi, and H. Nishimoto (2015) "Yardstick competition and the efficiency of local public good," Proceedings of the 72nd Annual Congress of the International Institute of Public Finance, CD-ROM.

Keen, M. J. (1998) "Vertical tax externalities in the theory of fiscal federalism," Staff Papers, Vol. 45, pp. 454-485.

Keen, M. J. and C. Kotsogiannis (2002) "Does federalism lead to excessively high taxes?," American Economic Review, Vol. 92, pp. 363-370.

Keen, M. J. and C. Kotsogiannis (2003) "Leviathan and capital tax competition in federations," Journal of Public Economic Theory, Vol. 5, pp. 177-199.

Keen, M. J. and C. Kotsogiannis (2004) "Tax competition in federations and the welfare consequences of decentralization," Journal of Urban Economics, Vol. 56, pp. 397-407.

Lazear, E. P. and S. Rosen (1981) "Rank-order tournaments as optimum labor contracts," Journal of Political Economy, Vol. 89, pp. 841-864.

Seabright, P. (1996) "Accountability and decentralisation in government: An incomplete contracts model," European Economic Review, Vol. 40, pp. 61-89.

Tiebout, C. M. (1956) "A pure theory of local expenditures," Journal of Political Economy, Vol.64, pp. 416-424.

西垣泰幸（2017）『地域間ヤードスティック競争の経済学』、日本経済評論社。

東裕三・西垣泰幸（2014）「第2世代の地方分権理論とヤードスティック競争」、西本秀樹編著『地方政府の効率性と電子政府』、日本経済評論社、第2章所収。

東裕三・西垣泰幸（2017）「公共部門の効率化と地方政府間におけるヤードスティック競争」、西垣泰幸編著『地方分権と政策評価』、日本経済評論社、第2章所収。

堀場勇夫（2002）「垂直的外部性」『財政と経済構造の研究：理論的・実証的研究』（青山学院大学総合研究所経済研究センター研究叢書第10号）、pp. 81-105、青山学院大学総合研究所。

堀場勇夫（2008）『地方分権の経済理論：第1世代から第2世代へ』、東洋済新報社。

第4章
災害時伝達データの新たな管理方式

根本　潤・遠山元道

4.1　はじめに

　近年、東日本大震災をはじめとした大規模災害の教訓から、災害時における情報伝達手段の高度化が強く求められており、情報通信技術を活用した防災および減災のための各種取り組みが産学官一体で推進されている。そうした取り組みの一例として、防災情報や災害情報のオープンデータ化が挙げられる。

　オープンデータとは、誰もがインターネット等を通じて容易に利用（加工、編集、再配布等）ができるよう公開されたデータのことである。府省庁や地方自治体、ライフライン関連事業者等の関連機関が有する防災情報や災害情報をオープンデータとして公開することで、第三者によりオープンデータを活用した新たなサービスやアプリケーションが創出され、結果として、迅速な避難行動や適切な被災者、被災地域への支援といった新たな価値につなげることが可能になると期待されている。

　我が国における具体的なオープンデータ化の例として、内閣官房が運用する府省庁のオープンデータカタログサイト「data.go.jp」[1]がある。2012年に、内閣官房の高度情報通信ネットワーク社会推進戦略本部（以下、IT総合戦略本部）が中心となり決定した「電子行政オープンデータ戦略」[2]において、機械判読可能で二次利用が容易な形式でのデータ公開が基本指針の1

つとして示されて以降、中央省庁などの各組織が有する情報のオープンデータ化が進んできた。data.go.jp は、そうした取り組みの成果の１つであり、2018 年 9 月現在、2 万 1,647 件のデータセットが登録されている。また、防災情報関連で見ると、「防災_減災関連情報」というメタ情報が付与されたデータセットは 793 件に達している。

また、災害情報の二次利用の例として L アラート®（災害情報共有システム）が挙げられる。L アラート® は、避難情報や気象警報といった安心、安全に関わる公的情報など、住民が必要とする情報を迅速かつ正確に配信するための情報基盤である。地方自治体、ライフライン関連事業者など公的な情報を発信する「情報発信者」と、放送事業者、新聞社、通信事業者などその情報を住民に伝える「情報伝達者」とが、この情報基盤を共通に利用することによって、効率的に情報伝達を行う。住民は、テレビ、ラジオ、携帯電話、ポータルサイト等のさまざまな情報伝達者を介して情報発信者が発信した情報をタイムリーに入手することが可能になる。L アラート® の普及率は高く、2018 年 6 月末の時点で福岡県内市町村を除く全国の地方公共団体に加え、119 の交通事業者、ライフライン事業者が情報発信者として登録されている。また、情報伝達が可能なメディアは 745 団体に及ぶ。

このように、我が国におけるオープンデータ化の取り組みは、データを公開するという初期の段階から、新しいビジネス創造や、国や地域のさまざまな課題解決のためにオープンデータを利活用するという段階に入りつつある。しかしながら、一方で、機械判読困難な形式のオープンデータが多く存在したり、形式が統一されておらず利活用が困難であったりといった課題も見えてきている。

そこで、本章では、災害情報や防災情報のオープンデータ利活用促進を目的として、現状と課題を整理し、新しいデータ管理方式の一形態について提案する。はじめに、4.2 節において、オープンデータの現状と課題について詳細を述べる。次に、4.3 節と 4.4 節で、先述の課題を解決するデータ管理方式として、RTA（Remote Table Access）と ToT（Tables on Top）につい

てそれぞれ述べる。4.5 節で、RTA や ToT において災害情報や防災情報のオープンデータを利活用するユースケースについて考察し、最後に 4.6 節でまとめを述べる。

4.2　防災・災害情報関連オープンデータの現状と課題

4.2.1　オープンデータとは

　オープンデータとは、誰もがインターネット等を通じて容易に利活用（加工、編集、再配布等）ができるよう公開されたデータのことを言う。本書では、より正確に、オープン & ビッグデータ活用・地方創生推進機構（2016）による定義に従って、次のように定義する。

> 「オープンデータ」とは、「営利目的も含めた二次利用が可能な利用ルールで公開」された、「機械判読に適したデータ形式のデータ」である。

　オープンデータを利活用するためには、データの所有者がそれを許諾していなければならない。通常、単なるデータの羅列そのものは著作物にはならないが、編集著作物として素材の選択や配列によって創作性を有するもの、データベースとしてその情報の選択または体系的な構成によって創作性を有するものは著作物に該当するため、無断で利用してはならないという原則に抵触してしまう。そこで、オープンデータ化にあたっては、二次利用を認めることを原則とし、あらかじめ著作物の利用に関する意思表示を行うことが求められている。
　また、機械判読に適したデータ形式とは、コンピュータが当該データの論理的な構造を認識し、自動的に処理をするために適した形式になっているかどうかを意味する。例えば、統計情報のようなデータが画像や PDF のようなファイル形式で公開されていても、そのデータをコンピュータで読み取り、分析を行うのは困難である。自動的かつ効率的に分析を行うには、いつの、

どのようなデータが、ファイルのどの位置にあるかといったことがコンピュータ自身で判断できるような形式でなければならない。オープンデータとしてどのような形式であるべきかについては後述する。

4.2.2 オープンデータ化の意義

2017年5月に、内閣官房のIT総合戦略本部官民データ活用推進戦略会議が決定した「オープンデータ基本指針」[3]に基づいて、(国や地方自治体が提供する) オープンデータの意義をまとめると、次の3点が挙げられる。

1. 様々な主体による創意工夫を活かした既存サービスの改善や新サービスの創出、およびそれに伴う経済活性化
2. オープンデータ活用で得られた情報を根拠とした政策や施策の企画立案による行政の高度化・効率化
3. 政策や施策の立案等に用いられたデータが公開されることによる透明性・信頼の向上

防災・災害情報のオープンデータ化で特に期待されるのは、1つ目の観点である。例えば、平時においては、避難所情報をオープンデータ化し、ポータルサイトやスマートフォン等のアプリケーションで容易に確認できるようになっていれば防災意識が向上するとともに、有事の際の迅速な避難行動にもつながると考えられる。また、災害時においては、被災状況や対策状況を地図情報にマッピングすることで意思決定支援を行うといったことも考えられる。

ここで重要なのは、著者らが容易に発想できるようなこれらの活用例に止まらず、オープンデータ化によって産学官の様々な主体の叡智が活かされ、これまでにない新しい価値が生まれうることである。

4.2.3 オープンデータ化のステップ

先に述べたように、オープンデータの利活用において重要な点の1つは、機械判読に適したデータ形式であるかということである。単純に機械判読可能なデータといっても様々なレベルがある。ここでは、Webの発明者でもあるティム・バーナーズ＝リーが提唱するオープンデータの評価指標の1つ「5つ星スキーム」[4]（図4-1）を用いて、機械判読に適したデータ形式について述べる。表4-1に、5つ星のレベルとその要件、データ形式の例につ

図4-1 「5つ星スキーム」の概念図

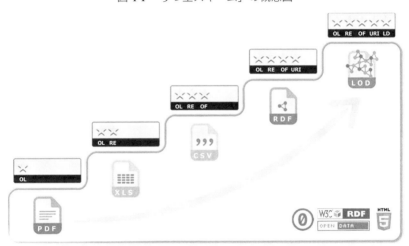

出所：5★OPEN DATA（https://5stardata.info/）.

表4-1 オープンデータ評価指標「5つ星スキーム」

レベル	要件	データ形式例
★	データ形式を問わずオープンなライセンスでWebに公開されていること。	PDF、JPEG
★★	データがその仕様を問わず構造化されていること。	Excel
★★★	データが独自仕様ではなく標準的な仕様で構造化されていること。	CSV、XML
★★★★	データがURIで示されていること。	RDF
★★★★★	データ同士がリンクで結びついていること。	LOD

出所：5★OPEN DATA（https://5stardata.info/）をもとに著者らが作成。

いてまとめる。

　星1つの要件は、データ形式を問わず二次利用可能なオープンなライセンスでWebに公開されていることである。星1つでは、データ形式を問わないため、PDFや画像のように機械判読に適しているとは言えないデータも含まれる。あくまで、最初のステップとして、どのような形式であっても情報を公開するということが推奨されている。

　星2つの要件は、データがその仕様を問わず構造化されていることであり、データ形式の例としてMicrosoft社のExcelが挙げられる。Excelの場合、独自仕様ではあるものの、対応するソフトウェアを使用すれば機械的に中身のデータを抽出することが可能である。

　星3つの要件は、データを構造化する際に独自仕様ではなく、標準的な仕様で構造化されていることである。例えば、CSV (Comma-Separated Values) 形式やXML (Extensible Markup Language) が挙げられる。CSVは、表データをカンマと改行で区切ることで機械判読を容易にしたデータ形式であり、RFC 4180として仕様が成文化されている。XMLは、標準化団体W3C (World Wide Web Consortium) により策定、勧告がなされているオープン・スタンダードな言語仕様の1つで、文書やデータの意味や構造を記述することができるため、機械判読やデータ交換に適したデータ形式である。

　星4つの要件は、公開されるデータの各々がURI (Uniform Resource Identifier) と呼ばれる標準的な書式で意味付けされていることであり、RDF (Resource Description Framework) のようなデータ形式が該当する。RDFは、Web上のリソース（例えば、Webページおよびその中に記述された個々の内容、データ）のメタデータを記述するための標準的な枠組みであり、W3Cで規格化されている。星4つの段階では、オープンデータに含まれる人、物、組織、場所等が一意に識別され、その意味を機械判読できるようになる。

　星5つの要件は、データ同士が相互に関連付けられ、Webページ同士のようにリンクで結びついていることである。LOD (Linked Open Data) がそ

の一例であり、オープンデータ同士を相互にリンクで結ぶことで、提供元をまたがってデータを検索したり、取得したりすることが容易になる。

このほか、この5つ星のスキームでは言及されていないが、API（Application Programming Interface）としてデータを公開するという方法もある。APIとは、広義にはアプリケーションやサービス、プログラム同士をつなぐための規約や仕様である。APIによるオープンデータ化では、データを公開するにあたって、CSVのようにファイルとして提供するではなく、アプリケーション等があらかじめ定められた仕様に則ってデータを取得するためのサービスを提供する。

4.2.4　防災・災害情報関連オープンデータの現状

ここでは、いくつかの事例を交えながら、我が国におけるオープンデータの現状について述べる。

オープンデータカタログサイト

先に紹介したように、国レベルでのオープンデータ化の取り組みとして、内閣官房が運用する府省庁のオープンデータカタログサイト「data.go.jp」がある（図4-2）。data.go.jpには、2018年9月現在、2万1,647件のデータセットが登録されており、「防災_減災関連情報」というメタ情報が付与されたデータセットは793件ある。

また、自治体レベルでも同様の取り組みがなされており、例えば、東京都では「東京都オープンデータカタログサイト」[5]が運用されている（図4-3）。東京都オープンデータカタログサイトには、2018年9月現在、1,135件のデータセットが登録されており、「防災・災害計画」というメタ情報が付与されたデータセットは148件ある。それらのデータセットの一例として、東京都都市整備局が提供する避難場所等の情報と、地震に関する地域危険度測定調査結果の一部抜粋をそれぞれ表4-2と表4-3に示す。なお、避難場所等の情報はPDFファイルとExcelファイルで、地震に関する地域危険度測

図 4-2 data.go.jp のポータルページ

図 4-3 東京都オープンデータカタログサイトのポータルページ

定調査結果は Excel ファイルと CSV ファイルで公開されている。

　ただ、これらの防災・災害関連情報のように比較的構造化されて公開されているデータもあるが、全体としてみると機械判読困難なデータも多い。図 4-4 は、2 つのオープンデータカタログサイトのデータセット全体について、データ形式の割合をまとめたグラフである。データセットには複数種の

表 4-2 避難場所一覧

番号	避難場所名称	所在地	区域面積 (m²)	避難有効面積 (m²)	避難計画人口 (人)
6	晴海地区	中央区晴海	1,054,773	383,832	47,324
7	迎賓館一帯	港区元赤坂新宿区南元町、四谷、若葉	89,472	66,423	14,188
8	芝公園・慶応大学一帯	港区芝公園、三田	632,952	353,614	97,966
12	高輪三丁目・四丁目・御殿山地区	港区高輪品川区北品川	235,437	118,318	50,382
13	自然教育園・聖心女子学院一帯	港区白金、白金台品川区上大崎	337,028	185,375	56,864

出所:「震災時火災における避難場所及び避難道路等の指定(第 8 回見直し)」(東京都都市整備局) より抜粋。

表 4-3 地震に関する地域危険度測定調査

区市町名	町丁目名	地盤分類	建物倒壊危険度危険量(棟/ha)	建物倒壊危険度順位	建物倒壊危険度ランク
千代田区	飯田橋 1 丁目	谷底低地 1	2.38	1,890	2
千代田区	飯田橋 2 丁目	谷底低地 1	1.48	2,980	1
千代田区	飯田橋 3 丁目	谷底低地 1	0.64	4,256	1
千代田区	飯田橋 4 丁目	谷底低地 1	2.15	2,077	2
千代田区	一番町	台地 2	0.37	4,587	1

出所:「地震に関する地域危険度測定調査(第 8 回)」(東京都都市整備局) より抜粋。

データ形式が登録可能なため、一部重複して計上されているデータセットがあるものの、全体の傾向として PDF・画像や独自形式の Office 文書が多数を占めていることがわかる。特に、data.go.jp では、半分以上が PDF・画像や独自形式の Office 文書であり、現状では機械判読や二次利用が困難なデータセットが多いことがわかる。

これら国や地方自治体のオープンデータを活用しようとする取り組みも積極的に行われている。例えば、東京都は、2017 年、地域課題の解決や、住民生活の利便性の向上に向けたオープンデータ利活用を促進するため「東京都オープンデータ防災アプリコンテスト」[6]を開催している。このコンテス

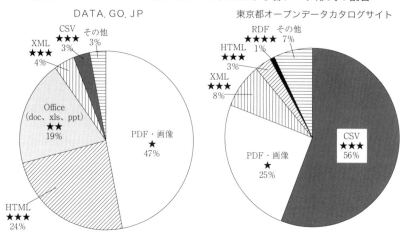

図4-4　オープンデータカタログサイトにおける各データ形式の割合

出所:「東京都オープンデータカタログサイト」をもとに著者らが作成。

トでは、先に示したような東京都都市整備局が提供する避難場所等の情報や、地震に関する地域危険度測定調査結果を、スマートフォンのアプリケーション等で地図上にマッピングするなどして容易に確認可能にするといった作品が入賞している。

LOD作成・共有サイト

　先述のオープンデータカタログサイトでは、「5つ星スキーム」における星5つに相当する形式のデータは公開されていないが、総務省統計局が整備し、独立行政法人統計センターが運用する「統計LOD」[7]や、一般社団法人リンクデータが運用するオープンデータ活用支援プラットフォーム「Link-Data.org」[8]などでは、Linked Open Data（LOD）形式のデータが公開されている。

　ここでは、防災・災害情報関連のオープンデータも登録されているLink-Dataについて紹介する。LinkDataでは、単にLODを公開するだけでなく、

誰でも簡単に LOD を作成できることを目指しており、そのためのインタフェースが用意されている。具体的には、Web 上で表の列数や各列のプロパティを指定して雛形となる Excel ファイルを作成し、それをダウンロードして公開したいデータを入力したり、貼り付けたりした上でアップロードすることで、LOD 形式のデータへ変換するというものである。RDF や LOD の知識が十分でなくとも、表形式でデータを準備するだけで済むため、初心者にも理解しやすいインタフェースとなっている。

LinkData には、防災や災害情報といったカテゴリ別の検索機能は提供していないため、キーワード検索によりデータ登録状況をみると、2018 年 9 月現在、「防災」というキーワードで 59 件、「災害」というキーワードで 40 件のデータが登録されている。図 4-5 は、長野県須坂市が提供する避難場所に関する LOD の例である。LinkData では、データの公開とともにそれらを活用したアプリケーションを共有することも可能であり、図 4-5 には

図 4-5　長野県須坂市が提供する避難情報に関する LOD とそのアプリケーション

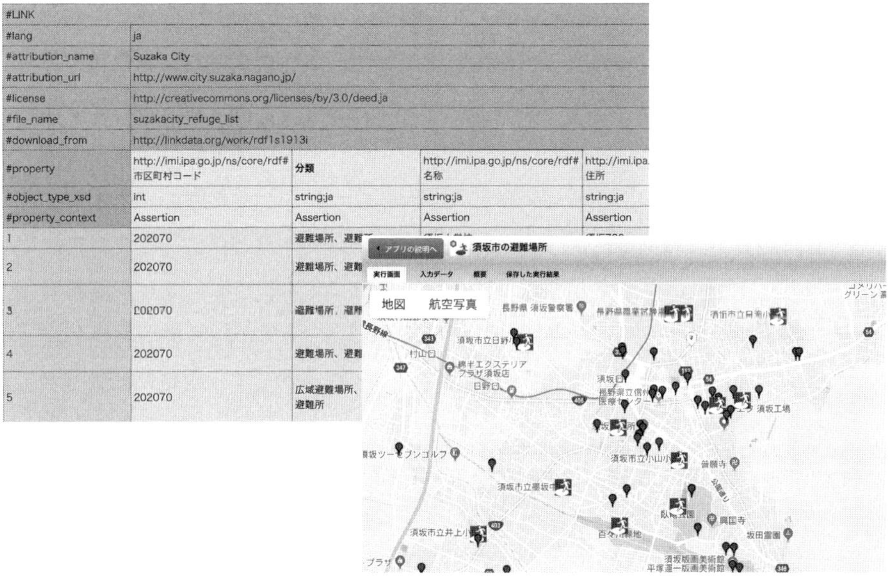

地図情報へマッピングするアプリケーションもあわせて示している。さらに、LOD としてデータの形式が標準化されていることを活かして、別の地方自治体が作成した避難場所データを共有されているアプリケーションを用いて表示したりすることも可能である。

API によるオープンデータの提供

　API によるオープンデータ提供の例として、先述の統計 LOD と同じく独立行政法人統計センターが運用し、統計データを提供する e-Stat の API[9]や、経済産業省と内閣官房が運用し、地域経済に関するさまざまなデータを提供する地域経済分析システム（RESAS：リーサス）の API[10]などがある。いずれも、データ提供のための仕様（例えば、入力パラメータや出力の形式など）が独自に定められており、それに基づいてリクエストを発行することで所望のデータが得られる。リクエストの発行には、Web ページの送受信に用いる標準プロトコルである HTTP が用いられている。

L アラート®（災害情報共有システム）

　避難情報や気象警報といった住民の安全に関わる災害情報を二次利用している例として、一般財団法人マルチメディア振興センターが運用する L アラート®（災害情報共有システム）がある。図 4-6 は、2014 年に総務省が設置した「災害時等の情報伝達の共通基盤の在り方に関する研究会」でまとめられた報告書から抜粋した L アラート®（旧称公共情報コモンズ）のシステム概要図である[11]。図に示すように、地方自治体や中央省庁、ライフライン関連事業者（2015 年以降に、通信、ガス、交通、電気が随時提供開始済）など公的な情報を発信する「情報発信者」と、放送事業者、新聞社、通信事業者などその情報を住民に伝える「情報伝達者」とが、この情報基盤を介して効率的に情報伝達を行う。

　L アラート®が取り扱う情報の一例を表 4-4 の通りである。L アラート®は、情報発信者が発信するこれらの情報を、先にも述べたデータ交換に適し

図4-6 Lアラート®のシステム概要

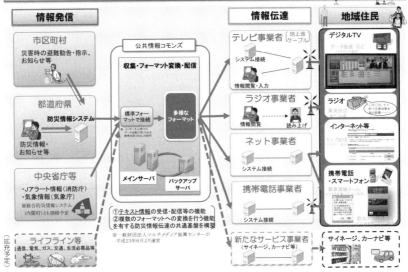

出所:「災害時等の情報伝達の共通基盤の在り方に関する研究会」報告書より抜粋。

表4-4 Lアラート®が扱う災害情報の一例

種別	項目
自治体配信情報	避難情報（準備・勧告・指示）、避難所情報、災害対策本部設置、被害情報、河川水位情報、雨量情報等
気象情報	気象警報・注意報、気象特別警報、指定河川洪水予報、土砂災害警戒警報、記録的短時間大雨警報、竜巻注意報、震度情報、震源に関する情報、津波情津等
Jアラート配信情報	弾道ミサイル情報、航空攻撃情報、ゲリラ・特使部隊攻撃情報、大規模テロ情報及びその他国民保護情報

出所:「今後のLアラートの在り方検討会」第1回資料1-2「Lアラートの現状」（総務省）をもとに著者らが作成。

た標準言語の1つであるXMLで収集し、放送事業者等が使用する標準言語TVCML (TeleVision Common Markup Language) やポータルサイト等が使用する標準言語RSS (RichSite Summary)、メール等へ変換して配信する。

最終的に、住民は、テレビ、ラジオ、携帯電話、ポータルサイト等のさまざまな情報伝達者を介してこれらの情報をタイムリーに入手することが可能となる。

なお、Lアラート®は災害情報の二次利用に関する例ではあるものの、厳密にはオープンデータではない。Lアラート®から情報を受信し地域住民へ伝達するのは、原則として放送・報道機関等とされ、それ以外の事業者は、伝達の実績および運用体制で利用条件が満たせるかどうかを審査される。また、個人利用もできない。これは、国や地方自治体が発信する災害情報は、住民の生命・身体の安全確保等に直結する情報であり、伝達の速さや正確さに万全を期すためにそうした措置を取っているものと考えられる。さらに、Lアラート®は、あくまで災害情報を地域住民に伝達することを目的としており、それ以外の目的で利用することはできない。ただ、「災害時等の情報伝達の共通基盤の在り方に関する研究会」でまとめられたLアラート®の「普及加速化パッケージ」では官民連携強化やオープンデータ化推進も盛り込まれており、今後の利活用促進が期待される。

4.2.5 課題

ここまで、防災・災害情報関連オープンデータの現状について述べてきた。国や地方自治体におけるオープンデータカタログサイトの整備や、利活用が容易なLOD形式でオープンデータを提供する統計LOD、LinkData等のサービス開始により、我が国におけるオープンデータ化の取り組みは、データを公開するという初期の段階を脱しつつある。しかし、防災、減災のための新たなサービス提供や課題解決に向けてオープンデータの利活用を促進していくためには、次のような課題があると考える。

1. 機械判読困難な形式が多く存在したり、形式が統一されていないため利活用が困難
2. 静的なオープンデータが多く、アプリケーション等による最新情報の

利活用が困難

1つ目の課題は、先に述べたように、現状、オープンデータカタログサイトに登録されているデータの多くは機械判読困難なデータであり、利活用が困難という点である。統計 LOD や LinkData のように、機械判読用意なオープンデータも普及してきているが、CSV や XML などさまざまなデータ形式が混在している現状では、アプリケーションが多種多様なオープンデータを横断的に利活用するのは困難である。API によるオープンデータ提供も同様であり、サービス毎に独自に仕様が定義されているため、それらを理解しなければアプリケーションで取り扱うことはできない。

2つ目の課題は、静的なオープンデータが多く、アプリケーション等による最新情報の利活用が困難という点である。オープンデータカタログサイト等に登録されているデータを活用してアプリケーションを開発する場合、最新情報をどのように反映するかが課題となる。例えば、自治体によって避難場所等のデータが更新されたとしても、それを自動的に検知して、アプリケーションに反映するといった仕組みがないため、災害発生時に古い情報を提供してしまう可能性がある。

次節以降では、これらの課題を解決するオープンデータのためのデータ管理方式として RTA と ToT について述べる。

4.3　RTA：Remote Table Access

先述のオープンデータ利活用の課題を解決するデータ管理方式として、著者らは、国や地方自治体の各組織が有するオープンデータを RDB（Relational Database）の形式で提供する RTA（Remote Table Access）を提案している[12]。

RDB は、関係モデルに基づいて設計、利用されるデータベースであり、現在、企業や官公庁の情報システムにおいて、最も普及しているデータベー

スの 1 つである。関係モデルは、表における行に相当する「タプル」や、列に相当する「アトリビュート」（属性）等によって構成される「関係」（以下、テーブルともいう）に対して、SQL と呼ばれる標準化されたデータベース問合せ言語を用いて、選択、射影、結合といった関係代数演算を行うことで、所望の結果を取得する。

RTA では、オープンデータの元となるデータの多くが元々 RDB の形式で存在しているならば、そのデータをそのままの状態で提供することで様々な利点が得られるという考えに基づいたアプローチである。

4.3.1　RTA システムアーキテクチャ

RTA のシステムアーキテクチャの概要について、図 4-7 に示す。RTA システムは、企業や官公庁の RDB を管理するシステムである RDBMS（Relational Database Management System）、PTL（Public Table Library）サーバ、RTA クライアントの 3 つで構成される。PTL サーバは、オープンデータとして公開されているテーブルのメタ情報を管理するサーバである。RTA クライアントは、この PTL を参照して、公開されている他組織の RDBMS の接続先情報等を取得し、それに基づいてリモートの RDBMS に SQL で問い

図 4-7　**RTA** システムアーキテクチャ

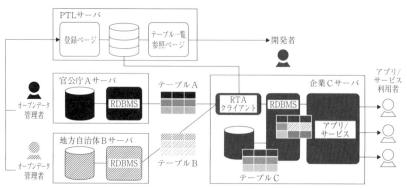

出所：著者作成。

合わせ、データを取得する。RTA クライアントは、自組織の RDBMS が、リモートのテーブルをあたかもローカルにあるテーブルのように扱えるように、仲介的な役割を果たす。なお、RTA のアーキテクチャにはユースケースに応じて複数のパターンがある。詳細については、Kosaka et al.（2017）を参照されたい。

RTA システムの具体的な利用イメージは次の通りである。まず、官公庁や地方自治体のオープンデータ管理者（図 4-7 左）は、事前に、保有する RDB の中で公開したいテーブルを、テーブルの概要等のメタ情報とともに PTL に登録しておく。RTA システムの利用者であるアプリケーション開発者やデータベース管理者（図 4-7 では、企業 C の開発者））は、PTL に登録されたテーブル一覧を参照しながら利用したいテーブルを決める。そして、ローカルの RDBMS において、その他のローカルのテーブルと同様にリモートのテーブルをアクセスし、SQL で選択、射影、結合といった演算を行って所望の結果を得る。

4.3.2　RTA の利点と実用化に向けた課題

RTA により、RDB の形式でオープンデータ化を行う利点は大きく 3 つある。1 つは、企業や官公庁の情報システムで最も利用されている標準インタフェースの 1 つである SQL を用いてデータにアクセスできるため、二次利用が容易になるということである。機械判読が容易かどうかを意識する必要はなく、アプリケーション開発者やデータベース管理者が熟知した手順でオープンデータを利活用することができる。また、PTL を通じて、そのテーブルにどういったデータが含まれているかを知っておく必要はあるが、独自 API によるオープンデータ提供サービスとは異なり、サービス毎の API 仕様を学習する必要はない。

2 つ目の利点は、企業が保有するようなクローズドなデータベースのデータとの統合が容易になる点である。RTA により、オープンデータをあたかもローカルの RDBMS にあるテーブルのように扱えるようになるため、オ

ープンデータとクローズドなデータを横断的にデータ分析したり、それらを組み合わせてアプリケーションやサービスを開発したりするのが容易になる。

3つ目の利点は、オープンデータが常に最新になるという点である。RTAでは、マスターデータであるRDBのテーブルが直接公開されるため、常に最新のデータを提供することができる。また、官公庁や地方自治体の担当者が、データに変更があるたびに、オープンデータとして公開するために一旦CSVファイルやXMLファイルへ変換し、カタログサイトへ登録するといった作業を行う必要もなくなる。

こうした利点により、先述の2つの課題が解決されると期待できるが、RTAの実用化を進めるにあたっては2つのハードルがある。1つは、RDBを直接外部に公開することに伴うセキュリティ面でのハードルである。RTAでは、外部から国や地方自治体のネットワークや情報システムへの接続を許可しなければならないため、攻撃を受けるリスクが高くなる。また、国や地方自治体が定めるセキュリティポリシーに合致する形で、アクセス制御や不正アクセス対策等を講じることができる必要がある。これについては、例えば、クラウドサービス等、国や地方自治体のネットワークの外に、公開するテーブルのみを複製して提供するといった対応が考えられ、そうしたRTAのアーキテクチャにいても現在検討中である。

もう1つのハードルは、オープンデータ化の対象となるデータがそもそもRDBで管理されていないために、RTAの利点を活かせないという点である。特に小さな地方自治体では、担当者がExcelファイルで管理しているデータをCSV形式へ変換してオープンデータ化するといった運用も十分考えられ、そうした運用を変えてRDBMSを導入することにはハードルがある。そこで、次節では、このような現状のデータ公開スキームを維持しつつ、RTAによるデータ利活用を促進するためのアプローチについて述べる。

図 4-8 ToT のコンセプト

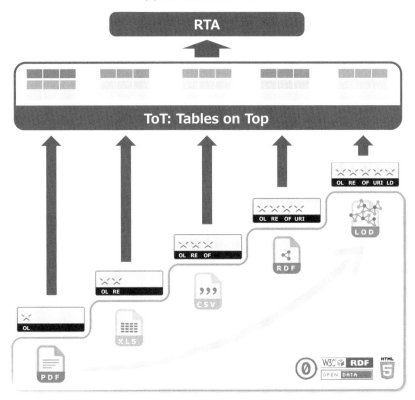

出所：5 ★ OPEN DATA（https://5stardata.info/）をもとに著者らが作成。

4.4　ToT：Tables on Top

　本節では、多種多様な形式のオープンデータを RTA で利用可能にする ToT (Tables on Top) というアプローチを提案する。先に述べた通り、オープンデータカタログサイトには様々な形式で既に多数のファイルが登録されている。これらの中には、RDB のデータを変換して作成したものだけでなく、元々 Excel や CSV で管理されているものも多く存在すると考えられる。これらの既存資産やデータ公開スキームを維持しつつ、RTA の対象を広げ

図 4-9 ToT システムアーキテクチャ

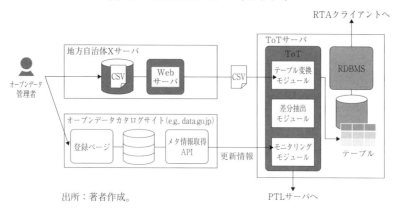

出所：著者作成。

るのが ToT である。図 4-8 に、5 つ星スキームの概念図を用いて ToT のコンセプトを示す。ToT は、5 つ星スキームが提唱する LOD のようなオープンデータ化の流れと相反するコンセプトではなく、それを補完してオープンデータ利活用を促進するためのアプローチである。

4.4.1 ToT システムアーキテクチャ

図 4-9 に、ToT のシステムアーキテクチャを示す。ToT システムは、官公庁や地方自治体で、オープンデータ（e.g.,CSV ファイル）を提供するために既に運用されている Web サーバと、その URL 等のメタ情報が登録されたオープンデータカタログサイト、ToT サーバで構成される。ToT サーバでは、さまざまな形式のオープンデータを取得して、RDB のテーブルに変換する ToT 本体と、変換したテーブルを提供する RDBMS が動作する。ToT 本体は、モニタリングモジュール、テーブル変換モジュール、差分抽出モジュールなどで構成される。以下、それぞれについて詳しく説明する。

モニタリングモジュールは、data.go.jp のようなオープンデータカタログサイトに定期的にアクセスし、新しく登録されたオープンデータがないかや、既に取得済みのオープンデータに更新がないかを監視する。登録されたオー

プンデータをダウンロードするためのURLや最終更新日時といったオープンデータのメタ情報は、例えば、CKAN[13]と呼ばれるオープンデータWebサイト作成ソフトウェアで管理されており、それらが提供するAPIを用いて取得可能になっているのが一般的である。なお、モニタリングモジュールは、取得したメタ情報をPTLと連携しておき、PTLに登録された他のテーブル情報とともに一覧表示したり、検索したりできるようにする。

テーブル変換モジュールは、モニタリングモジュールが検知した情報に基づいて、新規登録されたオープンデータや更新されたオープンデータを、官公庁や自治体のデータ提供元から取得し、RDBのテーブル形式へ変換する。CSVやXMLなどデータ形式の違いをこのモジュールで吸収し、等しくSQLでアクセスできるようにする。

差分抽出モジュールは、既に取得済みのオープンデータが更新された場合に、その差分を検知してテーブルに反映するモジュールである。オープンデータのサイズが大きい場合などは、更新が発生するたびに全データのテーブル変換と登録を行うのは効率的でないため、更新された差分だけを登録する機構が求められる。

4.4.2 RTA/ToT のユースケース

提案するToTは現在のところ研究の初期段階にあるが、その実現により、これまでにないオープンデータの利活用が可能になると考える。ここでは、2018年7月に西日本を中心に広い範囲で発生した記録的な集中豪雨（以下、西日本豪雨）にみる防災・災害情報関連オープンデータの活用可能性について考察する。

西日本豪雨では、愛媛県において多数の死者を出すなど甚大な被害が出たが、その要因の1つは愛媛県西部を流れる県内最大の1級河川肱川の氾濫であり、その氾濫はダムの放流によるものであった。自治体による避難指示のタイミングや、ダム管理事務所による緊急放流の意思決定の是非、双方の連絡協力体制の有無など人為的な要因に関しては本稿の議論の対象ではない

図 4-10　リアルタイムダム諸量一覧表の例

観測所記号	観測所名	水系名	河川名
1368080276020	野村ダム（のむらだむ）	肱川	肱川

リアルタイムダム諸量一覧表

2018/9/12 ～ 2018/9/19

年月日	時刻	流域平均雨量 mm/10min	貯水量 ×10³m³	流入量 m³/s	放流量 m³/s	貯水率 %
2018/09/19	22:00	0.0	7964	3.48	2.81	86.6
2018/09/19	21:50	0.0	7964	3.48	2.81	86.6
2018/09/19	21:40	0.0	7964	3.48	2.81	86.6
2018/09/19	21:30	0.0	7964	3.48	2.81	86.6
2018/09/19	21:20	0.0	7964	3.48	2.81	86.6
2018/09/19	21:10	0.0	7964	3.48	2.81	86.6
2018/09/19	21:00	0.0	7964	3.48	2.81	86.6
2018/09/19	20:50	0.0	7964	3.48	2.81	86.6
2018/09/19	20:40	0.0	7964	3.48	2.81	86.6
2018/09/19	20:30	0.0	7964	3.48	2.81	86.6
2018/09/19	20:20	0.0	7964	3.48	2.81	86.6
2018/09/19	20:10	0.0	7964	3.48	2.81	86.6
2018/09/19	20:00	0.0	7964	3.48	2.81	86.6

「－」は、欠測・未受信である。
青字:暫定値

出所：「水文水質データベース」（国土交通省水管理・国土保全局）より抜粋。

が、オープンデータが上手く活用されていれば違った結果になったかもしれないと思われる点が1つある。

　国土交通省水管理・国土保全局では、所管する観測所における水文水質に関わる観測データを「水文水質データベース」[14]として公開しており、その対象データの中に「リアルタイムダム諸量一覧表」がある。リアルタイムダム諸量一覧表のページでは、各ダムの貯水量、流入量、放流量、貯水率、流域平均雨量を10分間隔でリアルタイムに公開しており、そのデータは二次利用可能な形式でダウンロードすることができる。図4-10は、西日本豪雨の際に緊急放流を行った野村ダムのリアルタイムダム諸量一覧表の例である。

　こうしたダムのデータをToTでリアルタイムにRTAシステムへ取り込んでおくことで、例えば次のような活用方法が考えられる。

1. 近隣のダムが危険な状態にあることを知らせる防災アプリケーション

2. 気象予報データと連携した意思決定支援

1つは、地域住民が利用することを想定したスマートフォン向け防災アプリケーションである。このアプリケーションは、流入量と放流量の差や貯水率の変化などから、近隣のダムが通常と違う傾向を示していないか、適正な状態かどうかを判断し、自動的に通知を行うというものである。もちろん、こうしたダムのデータは国土交通省で保持しているのであり、いつでも同様のアプリケーションを開発することは可能である。しかし、国や地方自治体が動くのを待たずに、誰もが容易に自由な発想でこうしたアプリケーションを開発できるプラットフォームを提供するのが RTA や ToT である。第三者が開発したアプリケーションがダムの危険度を判断し、それを地域住民に通知することによる様々なリスクは当然考慮しなければならないが、防災・災害情報に関するオープンデータの利活用において、このような議論が行われるようになることが重要であると考える。

もう1つは、国や地方自治体の意思決定者に対する支援を想定したユースケースである。ToT で取り込んだダムのデータと、例えば、気象予報に関するデータとを RTA で組み合わせることで、避難指示を出すべきかどうかといった意思決定支援を迅速化できる可能性がある。RTA/ToT では、防災・災害関連情報を RDB のテーブルとして一元的に管理できるようになるため、専用のシステムを構築しておかずとも、SQL を扱うことができるデータベース管理者やデータ分析者と連携して、新しく発生した情報を取り込みながら迅速に意思決定できるようになると考える。

4.5　おわりに

国や地方自治体におけるオープンデータカタログサイトの整備や、利活用が容易な LOD 形式でオープンデータを提供する統計 LOD、LinkData 等のサービス開始により、我が国におけるオープンデータ化の取り組みは、デー

タを公開するという初期の段階を脱しつつある。しかし、防災や減災のための新しいサービス、アプリケーションの提供といった利活用の促進に向けては、機械判読困難なものを含む様々な形式のオープンデータを統一的に扱えるようにすることや、最新版のデータを容易に活用できるようにすることが不可欠である。

　そこで、本章では、多種多様な最新のオープンデータとともに保有するクローズドデータをRDBのテーブルという統一的な形式で扱えるようにするRTAとToTについて述べた。RTAは、国や地方地自体が有するRDB形式のオープンデータを元の形式のまま利用可能にするアプローチであり、ToTはRDB形式でないCSVやXMLといったさまざまな形式のオープンデータをリアルタイムにRTAに取り込むというものである。

　今後は、RTA/ToTによる防災・災害情報関連オープンデータ活用を実際に促進すべく、システムの実装と評価を行っていく予定である。

注
 1) http://www.data.go.jp/
 2) 詳しくはIT総合戦略本部（2012）を参照されたい。
 3) 詳しくはIT総合戦略本部（2017）を参照されたい。
 4) 詳しくはBerners-Lee（2006）およびKim and Hausenblas（2012）を参照されたい。
 5) http://opendata-portal.metro.tokyo.jp/
 6) http://opendata-portal.metro.tokyo.jp/www/contents/1491984329047/index.html
 7) 詳しくは西村（2017）を参照されたい。
 8) http://linkdata.org/
 9) 詳しくは統計センター（2018）を参照されたい。
10) 詳しくは経済産業省（2018）を参照されたい。
11) 詳しくは総務省（2014）を参照されたい。
12) 詳しくはKosaka et al.（2017）を参照されたい。
13) http://docs.ckan.org/
14) http://www1.river.go.jp/

参考文献

Berners-Lee, T.（2006）'Linked Data'. https://www.w3.org/DesignIssues/LinkedData.html（Accessed：15 September 2018）.

Kim, J.G. and Hausenblas, M.（2012）'5 ★ OPEN DATA'. https://5stardata.info/（Accessed：15 September 2018）.

Kosaka, Y. *et al.*（2017）'RTA：A Framework for the Integration of Local and Relational Open Data', in *Proceedings of 22nd international database engineering & applications symposium*, pp. 135-142.

IT総合戦略本部（2012）「電子行政オープンデータ戦略」, https://www.kantei.go.jp/jp/singi/it2/pdf/120704_siryou2.pdf（Accessed：15 September 2018）。

IT総合戦略本部（2017）「オープンデータ基本指針」, https://www.kantei.go.jp/jp/singi/it2/kettei/pdf/20170530/kihonsisin.pdf（Accessed：15 September 2018）。

オープン＆ビッグデータ活用・地方創生推進機構（2016）「オープンデータガイド第2.1版」, http://www.vled.or.jp/results/OpenDataGuide_v21_fix.pdf（Accessed：15 September 2018）。

経済産業省（2018）「地域経済分析システム基本操作マニュアル」, https://resas.go.jp/api/v1/download/manual-basic（Accessed：15 September 2018）。

統計センター（2018）「政府統計の総合窓口（e-Stat）API仕様【バージョン2.0】」, https://www.e-stat.go.jp/api/sites/default/files/uploads/2015/04/API-specVer2.0.pdf（Accessed：15 September 2018）。

総務省（2014）「災害時等の情報伝達の共通基盤の在り方に関する研究会」報告書', http://www.soumu.go.jp/main_content/000305852.pdf（Accessed：15 September 2018）。

西村正貴（2017）「Linked open data（LOD）による統計データの提供：政府統計データ（e-stat）の新しい形」『情報管理』国立研究開発法人科学技術振興機構, 59(12), 812-821頁。

第5章
災害時情報伝達とその国際事例

Wong Meng Seng・西本秀樹

5.1　はじめに

　ここ数十年間で、災害の数が急激に増加し、世界中で社会的、経済的、環境的被害を引き起こしている。自然災害とは、地震、洪水、津波、ハリケーン、竜巻、火山噴火など、自然の大地のプロセスによって引き起こされる大災害のことである。危機の際には、水、食糧、医療用品、避難所案内などの基本的な救援態勢が重要になる。政府、組織、そして多くの関係者が、援助を提供するために迅速に行動に移る必要があり、災害時に何を提供する必要があるかを知ることは最も重要である。

　いまやソーシャルメディアは、ニーズの供給と需要に合わせて危機の時代のコミュニケーション手段として使用される最も重要なツールの１つになっている。災害時には、政府、民間部門、個人がコミュニケーションを取り続けることが重要であり、ソーシャルメディアサイトを使用して、これらの社会的交流や関係を促進し、すべてのステークホルダーが災害を準備し、対応する必要がある。

　本章は、Wong 他（2018）をもとに、マレーシアにおける事例において、Facebook のようなソーシャルメディアが、危機の時に救援組織、政府、個人によってどのように使われたかの例を示している。またマレーシア国家防災庁（NADMA）がソーシャルメディアを活用した緊急需要と供給の枠組み

をどのように策定し、今後の災害救援活動におけるより良い意思決定プロセスのために、どのように使用されるべきかを提案する。

Houston et al. (2014) は、「政府、組織、地域社会、市民を含むすべてのステークホルダーが共同で効果的な災害通信プロセスを開発することが不可欠である」と主張している。また Jaeger et al. (2007) によれば、ソーシャルメディアとネットワークサイトは情報共有を広める手段の一つと考えられ、災害通信の改善の可能性を提供しており、赤十字（RedCross, 2018）などの救済組織は、災害対応の手段としてソーシャルメディアを活用し、他の救援機関や政府機関と提携し、災害救助のリソースや取り組みを増やしている。本章は、特に世界で最も有名なソーシャルネットワーキングサイト、Facebook やその他のソーシャルメディアの危機対応時におけるソーシャルメディアの利用を探求することを目指している。具体的には、本章の目的は次のとおりである：

・危機対応のために Facebook や他のソーシャルメディアの利用を探ること。
・意思決定者（DM）がさまざまなステークホルダーからの援助（需要）要求の可能性を理解し、支援（供給）を提供するのを助けるために、危機時に新しい緊急需要と供給の枠組みを作り出すこと。
・新たな緊急需要と供給の枠組みを、マレーシア国家防災庁の例を元に、提案すること。

5.2 予防、準備、対応、復旧モデル（PPRR Model）

緊急管理（Emergency Management）時においては、予防、準備、対応、復旧モデル（Prevention, Preparedness, Response, and Recovery, PPRR Model）を政府機関や組織が使用することができる。この PPRR モデルはオーストラリア政府のアプローチの一つであり（Rogers, 2011）、大規模な災害発

生時に計画を策定し、損失を最小限に抑える計画を支援するために広く使用されている：

- 予防（P）——または緩和とも呼ばれ、何かが起きたり停止したりするのを止める行為。古い言い回しでは「予防は治療よりも良い」とし、起こった後に対処するよりも、何か悪いことをやめるのが良いことを意味する。
- 準備（P）——何か悪いことが起こる前に、準備や予防措置を講じるなど、特定の状況のために準備されている状態でである。
- 対応（R）——災害の影響を抑える、コントロールする、または最小限に抑えるための反応のことである。
- 復旧（R）——中断や復旧時間を最小限に抑えるための手順を実行するためのステップである。

　Cronstedt（2002）によると、PPRR モデルは緊急事態のさまざまな段階を表すため、災害の前後、発生中および発生後に発生する事象を記述するのに役立つ。これらのステップは、緊急管理戦略のカテゴリーとも見なすことができる（Kamal et al., 2009；Cronstedt, 2002）。一方、Houston らは、イベント前（災害前）、イベント（災害中）、イベント後（災害後）の３つの災害フェーズで災害ソーシャルメディアの包括的なフレームワークを開発した（Houston et al. 2014）。表5-1 は、災害ソーシャルメディアの使用における、さまざまな災害段階（Houston et al. 2014）と PPRR モデルの手順（Rogers, 2011）におけるソーシャルメディアの機能を示している。

　Salter（1998）は、効果的な緊急管理を計画するためには (1)社内機関の焦点からコミュニティ中心の焦点に移行する必要があること。(2)政府機関、NGO、個人間の積極的なパートナーシップを構築してリスクを管理すること。(3)コミュニティのための計画ではなく、コミュニティとの計画であること。(4)コミュニティと一方向で対話するだけはなく、コミュニティ

表 5-1　災害ソーシャルメディアの機能

災害時のソーシャルメディア使用	災害の段階	PPRR のステップ
防災情報の提供と受信。	発生前	準備
災害警告の提供と受信。	発生前	準備
災害の検出。	発生前 → 発生時	準備と対応
救助や支援の要請と発信。	発生時	対応
自分の状態や場所を他人に知らせ、災害に遭った人物の状態と場所を知る。	発生時	対応
災害の際に起きることを文書化し、学ぶ。	発生時 → 発生後	対応と復旧
災害に関するニュースの配信と購読する。	発生時 → 発生後	対応と復旧
災害時の回復情報を提供し、受け取る。さらに支援する方法を特定し、列挙する。	発生時 → 発生後	対応と復旧
イベントに対する意識を高め、向上させる。寄付や手助け、ボランティアの方法を特定し、リストアップする。	発生時 → 発生後	対応と復旧
災害時の精神上・行動上の健康支援イベントの提供と受信。	発生時 → 発生後	対応と復旧
感情、懸念、願望の表明。犠牲者への祈り。	発生時 → 発生後	対応と復旧
災害対応、復旧、再建に関する情報の提供（および議論）。災害についての話を聞く。	発生時 → 発生後	対応と復旧
社会上、政治上の原因、科学的な原因やその責任について議論する。	発生後	復旧
コミュニティメンバーの（再）結成。	発生後	復旧
伝統的な危機コミュニケーション活動の実施。	発生前 → 発生後	準備、対応、復旧

出所：Houston et al. (2015), Rogers (2011).

間で対話させることが重要だと説いている。これらは、内部の政府機関が、特に災害対応において緊急事態管理における NGO、組織、コミュニティと協力する形での全体論的アプローチを求めるものである。

5.3　災害時のソーシャルメディアの活用

ソーシャルメディアやソーシャルネットワーキングサイト（SNS）は現代

社会の不可欠な部分となっており、それらの間のコンテンツ共有もますます重要になっている。マレーシアにおける一般的なソーシャルメディアは、Facebook、YouTube、MySpace、Instagram、LinkedIn、Snapchat、Twitter、WhatsApp、WeChatであり、ソーシャルネットワーキングサイト（SNS）は、多くの人が災害時に、災害救助のために活用するソーシャルネットワークメンバー間のコミュニケーションや情報共有を促進するために情報を伝播する手段として使用している。CNN（2013）によると、2010年のハイチ地震では、22万人から30万人が死亡し、30万人が負傷、150万人が最初に移住し、約4000人近くの学校が損傷を受けたか破壊された。Barbier et al.（2011）によれば、これらの影響を受けた人々の多くは、Facebook、Twitter、Flickr、YouTubeなどのソーシャルネットワーキングサイト（SNS）を通じて、地震に関する個人的な経験や写真を個人的に投稿し、公開した。2日以内またはわずか48時間で、合計8百万ドル相当の寄付金が赤十字社に寄付されている。これは、SNSが意識を高め、ソーシャルネットワークからの資金をプールするのに役立つことを表している。

　2018年4月現在、Facebookは世界で最も有名なソーシャルネットワーキングサイトであり、15億人のユーザーを持つYouTubeとWhatsAppを超えて22億人の利用者がいる。Facebookの別の提携アプリケーションであるFacebook Messengerは、世界中で13億人のユーザーで3位にランクされている。カナダ赤十字（RedCross, 2018）が主導で行った最近の調査によると、緊急時や災害時の情報にアクセスするために、回答者の68％がFacebookを用いていたことがわかった。それ以外ではTwitter（18％）、YouTube（9％）、Instagram（6％）などがある。興味深いことに、災害に関する情報を提供する電子メール、テキスト、アプリに登録した利用者は、2012年（RedCross, 2012）には調査対象のカナダ人の半分（約51％）であったものが、2018年には67％に増加している（RedCross, 2018）。したがって、政府、民間部門、NGO、個人を含むすべてのステークホルダーが、災害に関する信頼性の高い正確な情報にアクセスし、地域社会とともに災害

図 5-1　2018 年 4 月現在の世界中で最も有名なソーシャルネットワーキングサイト（アクティブなユーザー数）

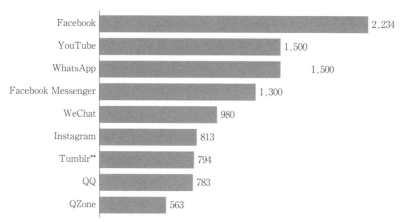

出所：Statistica (2018).

の準備、対応、復旧を行っており、デジタルを活用するボランティアの支援を受けているカナダ赤十字（2018 年）は、Facebook Crisis ページの利用を効果的に活用してユーザーにすばやくアクセスし、あらゆる種類の災害犠牲者を支援する方法を模索している。

5.4　Facebook の災害対応

Facebook には、2009 年に設立された当時から「Disaster Response for Facebook」なるページがあり、世界中のさまざまな関係者、特に影響を受けるコミュニティが災害の復興に供することを宣言している。Facebook のようなソーシャルネットワーキングサイトは、お互いを助けるためにユーザーによって使用されることが想定されているのである。

例えば、2015 年 4 月には、南アジアの国の一つ、ネパールを襲ったマグニチュード 7.8 の地震では、カトマンズ、ネパールの首都、そしてヒマラヤ全土に大きな破壊を引き起こしたが、Facebook はのちに「安全確認（Safety Check)」と呼ばれる機能を有効にし機能させている（Liang and Zhou, 2016）。この大地震は 8,800 人が死亡し、23,000 人が負傷、30 万軒の家屋が壊滅した。Facebook の CEO である Mark Zuckerberg 氏によると、Safety Check 機能はネパールの災害時にも広く使用されており、何百万人ものユーザーが自分は「安全である」とし、1 億人以上のソーシャルネットワークユーザーが彼らの家族や友人たちを確認することができた（D'Onfro, 2015）。Facebook 上では、ネパール地震の災害救援のための金銭的な寄付も可能にし、ユーザーが \$1,500 万米ドルの寄付をおこなった（D'Onfro, 2015）。これらは、ユーザー同士をつなぐソーシャルネットワーキングサイトの力を表している。

5.4.1　Facebook の危機対応：花蓮（台湾）の事例

　Facebook の危機対応ページの貢献事例は、2018 年 2 月にマグニチュード 6.4 の地震が台湾の花蓮を襲って 17 人の死者と 285 人の怪我を負わせたケースがある。Facebook の危機対応ツールを使用することで、災害犠牲者が必要としていた、公的に支援されたあらゆる種類の支援が実行されている。2018 年 7 月 15 日現在、24 の要請と 1,137 の申し出があり、カテゴリーを示す（図 5-2 を参照）。災害の被害を受けた人々は、水や食糧、避難所、トイレタリー、交通機関、情報などの多くのニーズがあり、生きていて災害から回復するのに役立っている。影響を受けていない人々は、財政的および非財政的援助により、災害の被害者を支援したいと考えている。Facebook はいまや、危機発生時の供給（一般からの援助の提供）と需要（犠牲者からの要求）とを合わせるためのオンラインプラットフォームの一つとみなされている。

　発信者の大部分は現地の台湾人であり、そのほとんどは、衣料品（238 件）とボランティア活動（185 件）、水（154 件）を提供することを望んでいた。この災害で影響を受けた外国人にとっては、地元の台湾人の翻訳サービスが役立っている。B&B として知られているホテルは、花蓮県の避難民

にも無料宿泊施設を提供していたことも報告されている。また、Taiwanese American Professionals（TAP）などの学生団体は、Facebookページを作成し、寄付活動をおこなっている。また英国のエジンバラ台湾学生協会は、FacebookとJustGiving.com（世界の慈善活動を支援する別のクラウドファンディングプラットフォーム）を通じて、この救援活動の資金を調達した。

5.4.2 Facebookの危機対応：台風Tembin 東南アジアでVINTA

2017年12月20日〜26日に発生した台風Tembin（フィリピンではVINTA）では、洪水と地滑りを誘発し、266人の死亡者をだし、最悪の熱帯暴風雨の一つとなった。そのフィリピンでは安否確認サービスが有効に機能した。この際のFacebook Crisis Responseページには、コミュニティメンバーに依頼して助けを求める人々も集まり、2018年7月15日の段階でFacebookの危機対応ページのヘルプにおよそ239の要求と478の申し出があった（図5-3参照）。

Facebookの危機対応ページでは、「電子機器の無料充電ステーション」の申し出もあった。災害対応チームを介した無料通話とテキストメッセージの交換も実施している。その中で、地域社会が災害の被害者に希望、共感、世話、懸念を表明することも重要であると主張している。コミュニティメンバーの一人は「被害者の家族のためのオンラインストレス解散と祈り」を提供している。またFacebookは世界中の被災地での救援活動を支援するコミュニティ募金に特化したNGOであるGlobalGivingに対して、最大50万ドルの寄付をおこなっている。

Twitterでは、ハッシュタグ#TyphoonTembinを通して、被災者のために祈りの時間を提供したり、マレーシア国防省のTwitterアカウントを通じて、「フィリピンの人道支援のために即時待機する」との声明を発表した。これは、TwitterがTembinの災害の被害者に必要なすべての支援と情報源になり得ることを示している。

図 5-2　Hualien 市地震の九年中の 24 件の
　　　　リクエストと 1137 の提供

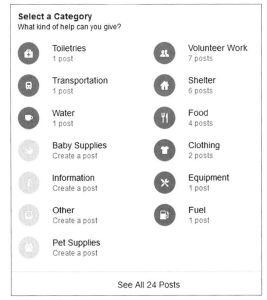

出所：Facebook．

図 5-3　台風 Tembin 中の 239 件の
リクエストと 478 件の提供

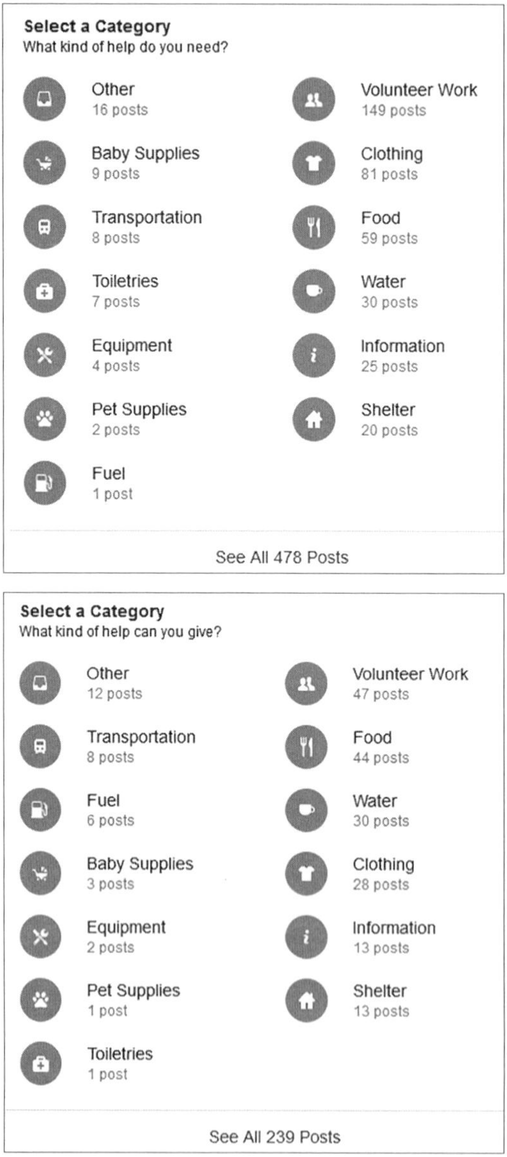

Select a Category
What kind of help do you need?

- Other — 16 posts
- Volunteer Work — 149 posts
- Baby Supplies — 9 posts
- Clothing — 81 posts
- Transportation — 8 posts
- Food — 59 posts
- Toiletries — 7 posts
- Water — 30 posts
- Equipment — 4 posts
- Information — 25 posts
- Pet Supplies — 2 posts
- Shelter — 20 posts
- Fuel — 1 post

See All 478 Posts

Select a Category
What kind of help can you give?

- Other — 12 posts
- Volunteer Work — 47 posts
- Transportation — 8 posts
- Food — 44 posts
- Fuel — 6 posts
- Water — 30 posts
- Baby Supplies — 3 posts
- Clothing — 28 posts
- Equipment — 2 posts
- Information — 13 posts
- Pet Supplies — 1 post
- Shelter — 13 posts
- Toiletries — 1 post

See All 239 Posts

出所：Facebook．

5.5　ケースの分析

前述の２つのケースを見直した後、緊急時または危機時に、ソーシャルメディアは、需要（援助の要請）と供給（援助の提供）に関する情報をマッチングするプラットフォームとして使用できることがわかった。Mileti (1999) によれば、最大の問題は「協調的な問題解決」(collaborative problem solving) と調整の問題から生じている。多くの研究が示す通り、緊急事態にある政府機関、被害者、対応者、住民、企業、救援組織、ボランティアの間の救済努力の調整の困難性を示している（Alexander, 2014；Jaeger et al., 2007；Martin, 2016）。したがって、適切なデータと情報が確実に収集され、誰が援助を必要とし（需要）、誰が助けることができるか（供給）を知り、意思決定者（DM）が救済努力と資源の可能性を高めることを十分に知らされるようにすることが不可欠である。下の図（図 5-4 参照）では、デジタルワールド（DW）と物理世界（PW）の両方で、需要（ヘルプのリクエスト）と供給（ヘルプの提供）と相互に関連する新しい緊急需要と供給の

図 5-4　緊急需要（支援の要請）と供給（支援の提供）フレームワーク

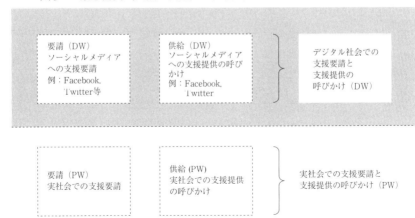

枠組みを提案している。このフレームワークは、意思決定者（DM）、特に緊急事態対応チームを担当する幹部役員が、戦略的重点分野にリソース（人件費、人材など）を割り当てる前に、必要なすべての情報を照合することを可能にしている。この枠組みは、意思決定者（DM）が需要と供給を一致させることを可能にし、供給の大部分（または援助を提供する人々）が需要（援助を要請する人々）に導かれるようにする。McEntire（2002）によれば、危機対応時には、協調行動、情報共有、コミュニケーションの面で調整を行う人々が社会的、行動的問題を抱え、協調的問題解決が困難になり、救援活動が複雑になっている。

　ソーシャルメディアはさまざまな目的に役立つようになってきており（Lindsay, 2011）、緊急事態や災害でも重要な役割を果たしている。(Aisha et al., 2014)。しかし、Alexander（2014）によれば、緊急事態や災害時のソーシャルメディアやSNSに関する研究文献はまだ限られているため、この分野でのさらなる研究が求められている。次にマレーシアの災害管理を見て、マレーシアの災害時の救援活動を支援するための緊急需要と供給の枠組みの導入方法を見てみたい。

5.6　マレーシアの災害管理

　マレーシアは幸いにも、重大な災害が比較的少ないのが現状である。しかし、世界に災害のない国はなく、マレーシアも例外ではない。洪水、地滑り、森林火災、津波、煙霧などの自然災害にも脆弱である（Martin, 2016）。これらの自然災害の多くは、警告なしに突然発生し、生命の喪失、財産への損害、生計環境の破壊または腐食を招く。災害情報を効果的に管理することにより、人命の影響と損失を大幅に削減することができる。Martin（2016）によると、マレーシアの洪水は高頻度の災害ハザードに分類され、森林火災や地滑りは中程度の災害の危険とみなされている。時にはマレーシアでも地震、津波、干ばつ、暴風雨、霧が発生するものの、これらの災害危険性は低

いと分類されている。

マレーシアでは、洪水が大きな自然災害の脅威とみなされ、2014年末には豪雨や洪水が最悪のものとなっている（表 5-2 参照）。市民の 50 万人以上が影響を受けており、Martin（2016）によれば、約 285 億 1,000 万リンギットのインフラストラクチャーが損壊した。

マレーシアでは、災害管理・救援委員会（Disaster Management and Relief Committee：DMRC）の設立により、発生した災害を迅速に調整し対応することができるようになった。Kamal ら（2009）および Saad et al.（2017）によると、緊急管理（EM）の組織は 3 つのレベルに分類される。

レベル 1（地区レベル）地方レベルの資源が災害対応を管理するのに十分

表 5-2　マレーシアの洪水に関する情報 2014/2015

州	洪水の数	1日の平均最高雨量（最高ミリメートル）	洪水の期間（最大日数）	洪水避難の数（人数）	推定損失（RM）	浸水の深さ（最大メーター）
ペルリス	19	156	7		458	0.5
クダ	33	200.5	0.63	1,706	12,685,000.00	1.5
ペナン	20	158	0.21	-	-	1.5
ペラ	52	159	10	4421	6,946,500.00	1.8
クランタン	49	514	7	319156	36,394,000.00	7
トレンガヌ	19	413	7	62281	18,600,000.00	1.8
パハン	27	537	6	69728	13,570,000.00	2.5
スラン	92	144	2	308 から		1
マラッカ	11	148	0.2	96 から		0.6
N.Sembilan	14	101	0.3	-	7,650,000.00	1.2
ジョ	8	267	6	1,677		0.6
サバ	13	158.7	7	8059	122,450,000.00	4
サラワク	14	192.5	60	から	388	1.5
WPKL（連邦地域）	7	87	0.125			0.6
WP ラブアン（連邦区域）	3	-	2	-	-	1
合計	381			468,278	218,295,500.00	

出所：Data.gov.my（2018）.

な地方レベルの緊急事態。
レベル2（州レベル）　2つ以上の地域に影響を及ぼす災害。外部からの支援と支援が必要。
レベル3（連邦レベル）より大きな災害と複雑な性質のため、他の州の地域に影響を与える。

　マレーシアで災害管理に使用されている標準作業手順（standard operating procedure：SOP）は、国家安保理（NSC）が作成した指令20号に基づいている。2015年10月、連邦NSCは国家防災庁（NADMA：National Disaster Management Agency Malaysia）に役目が引き継がれた。右の図5-5に、マレーシアにおける災害時のさまざまな機関とステークホルダーの流れと役割と責任を示す。
　NADMAは、被災者のための救命支援と救援活動を確保するために、政府機関のコーディネーターとしての役割を担い連邦政府によって設立された政府機関である。災害時には、政府機関が被災者の所在と必要性について十分に知らされていなければならず、情報源のいくつかはデジタルと物理の世界を通じて政府機関やNGOへ導かれる可能性がある。被害者の一部は、洪水中に家に閉じ込められている可能性があり、彼らが持つ唯一の選択肢は、スマートフォンのSMSコールを使用したり、ソーシャルメディア（例えば、Twitter、Facebookなど）を介してメッセージを送信することである。多くのNGOメンバーやコミュニティメンバーは、物理的な世界でも、デジタルの世界でも、世界中の被災者に援助を提供したいと考えており、これらの活動やその資源は、各団体やうまく連携できたグループの中で、戦略的に配分され実施されることになる。したがって、危機対応の最中に、図5-5に示すように、意思決定者（DM）は、現場の救助チーム（RT）への資源の戦略的配分や、緊急時の需要と供給バランスを調整するためにこのフレームワークを使用することも提案されている（図5-4、表5-3参照）。災害時における犠牲者の特定のニーズと希望に即座に応えるためには、政府機関、NGO、

図 5-5 災害時のさまざまな利害関係者の役割と責任

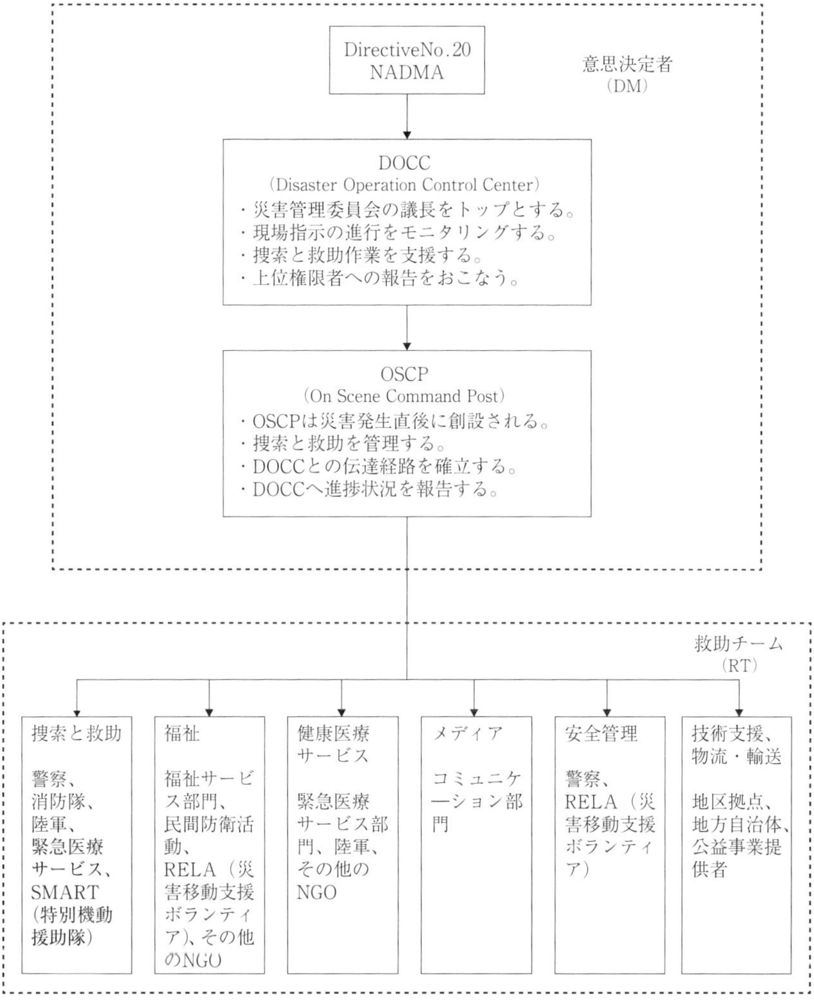

```
                    ┌─────────────────┐
                    │ DirectiveNo.20  │      意思決定者
                    │     NADMA       │       (DM)
                    └────────┬────────┘
                             │
          ┌──────────────────┴──────────────────┐
          │              DOCC                    │
          │ (Disaster Operation Control Center)  │
          │ ・災害管理委員会の議長をトップとする。│
          │ ・現場指示の進行をモニタリングする。 │
          │ ・捜索と救助作業を支援する。         │
          │ ・上位権限者への報告をおこなう。     │
          └──────────────────┬──────────────────┘
                             │
          ┌──────────────────┴──────────────────┐
          │              OSCP                    │
          │       (On Scene Command Post)        │
          │ ・OSCPは災害発生直後に創設される。   │
          │ ・捜索と救助を管理する。             │
          │ ・DOCCとの伝達経路を確立する。       │
          │ ・DOCCへ進捗状況を報告する。         │
          └──────────────────────────────────────┘
```

捜索と救助	福祉	健康医療サービス	メディア	安全管理	技術支援、物流・輸送
警察、消防隊、陸軍、緊急医療サービス、SMART（特別機動援助隊）	福祉サービス部門、民間防衛活動、RELA（災害移動支援ボランティア）、その他のNGO	緊急医療サービス部門、陸軍、その他のNGO	コミュニケーション部門	警察、RELA（災害移動支援ボランティア）	地区拠点、地方自治体、公益事業提供者

救助チーム(RT)

出所：Kamal et al. (2009).

コミュニティメンバー、その他の救援機関との救援活動を相互に監視し、調整していかなければならない。そのために、災害管理センター（DOCC）やOSCP（On Scene Command Post）レベルでソーシャルメディア災害チーム

を設置することも考えられる。適切な情報をデジタルの世界と物理の世界の両方に送り出すことによって、意思決定者は需要（援助の要請）と供給（援助の提供）を効果的にマッチングさせ、災害情報を管理し、情報に基づいた決定を下すことができよう。そのような環境において、救助チームが災害地域に到着したときに、迅速に災害犠牲者のニーズを適切なタイミングで満たすことができるようになる（Kamal et al., 2009）。

5.7　結論

マレーシアは洪水を起こしやすい地形で（Martin（2016），Saad et

表 5-3　支援要請と支援の申し出（デジタルの世界と物理的な世界）

需要（支援要請）		供給（支援の申し出）	
デジタル世界（DW）	物理的世界（PW）	デジタル世界（DW）	物理的世界（PW）
災害犠牲者は下記のチャネルで支援を求める： ・Facebook ・Twitter ・WhatsApp ・Facebook Messenger ・WeChat ・Viber ・Instagram ・SMS	災害犠牲者は現実の物理的世界では次のように援助を求める： ・捜索救助チーム（SAR）によって発見された被害者 ・医療援助やその他の救援努力機関によって発見された災害犠牲者 ・医療援助やその他の救援活動を求めるために病院に向かう被害者 ・食糧や水、避難所を求める犠牲者	デジタル上のボランティアやNGO、その他の支援提供機関は次のようなチャネルを通じて支援を申し出る： ・Facebook ・Twitter ・WhatsApp ・Facebook Messenger ・WeChat ・Viber ・Instagram ・SMS ・オンライン募金活動（GoFundme.com, GlobalGiving, JustGivingなど）	食料品や現金、衣服、人力、その他の物品の提供を申し出る： ・政府 ・外国政府 ・NGO（Red Crescent & St. John Ambulanceなど） ・民間組織 ・個人レベルのコミュニティ
＊その他のSNSまたは交流コミュニティを含む。	＊災害犠牲者によるその他の人道援助や要請を含む。	＊その他のSNSまたはデジタル交流を含む。	＊その他の直接的な人道支援の申し出を含む。

出所：Lindsay（2011）．

al.（2017））、その最大の自然災害時のヘルプ（需要）のための災害被害者のニーズを識別するために、マレーシアにおけるソーシャルメディアの適切な使用を評価することが重要である。

　ソーシャルメディアを活用した緊急需要と供給の枠組みを用いて災害時のさまざまなステークホルダーの支援（供給）の提供をおこなうことにより、NADMA は、危機時の戦略的重点分野での資金、人材、資源などのリソースの配分を改善することができると考えている。今後の研究のために、マレーシアだけでなく、世界の他の国々においても、この緊急需要と供給の枠組みを実際の危機対応状況に適用することを提案したい。

参考文献

T. S. Aisha, S. Wok, A.M.A. Manaf, R. Ismail (2015), "Exploring the Use of Social Media During the 2014 Flood in Malaysia," 2nd Global Conference on Business and Social Sciences (GCBSS-2015), 17-18th September 2015, Bali, Indonesia. Procedia –Social and Behavioral Sciences, pp. 931-937.

D.E. Alexander (2014), "Social Media in Disaster Risk Reduction and Crisis Management," *Science and Engineering*. Vol. 20 (3), pp. 717-733.

G. Barbier, R. Goolsby, and H. Gao (2011), "Harnessing the Crowdsourcing Power of Social Media for Disaster Relief," *IEEE Intelligent Systems*. Vol. 26, pp. 10-14.

M. Crondstedt (2002), "Prevention, preparedness, response, recovery: An outdated concept?," The Australian Journal of Emergency Management. Vol. 17 (2). pp 10–13.

CAN (2018), "Hualien Earthquake: Facebook donates NT10 million for earthquake relief,". Site: http://www.taipeitimes.com

CNN (2013), "Haiti Earthquake Fast Facts,". Site: https://edition.cnn.com

J. D' Onfro (2015), "Mark Zuckerberg says he wants Facebook to build more tools to let people help each other,". Site: https://www.businessinsider.com

J. B. Houston, J. Hawthorne, M. F. Perreault, E. H. Park, M. Goldstein Hode, M. R. Halliwell, S. E. Turner McGowen, R. Davis, S. Vaid, J. A. McElderry, and S. A. Griffith (2015), "Social media and disasters: a functional framework for social media use in disaster planning, response, and research," Disasters, Vol. 39, pp. 1-22.

P. T. Jaeger, B. Shneiderman, K. R. Fleischmann, J. Preece, Y. Qu, P. F. Wu,

(2007), "Community response grids: E-government, social networks, and effective emergency management," *Telecommunications Policy*. Vol. 31 (10/11), pp. 592-604.

S. Kamal, A. Shibghatullah, and Z. Othman (2009), "Disaster Management in Malaysia: An Application Framework of Integrated Routing Application for Emergency Response Management System," *International Conference of Soft Computing and Pattern Recognition*. pp. 716-719.

G. Liang, and N. Zhou (2016), "Background and reflections on Gorkha earthquake of April 25, 2015," Natural Hazards. Vol. 81 (2), pp. 1385-1392.

B. R. Lindsay (2011), "Social Media and Disasters: Current Uses, Future Options, and Policy Considerations," *CRS Report for Congress*. Site: http://www.crs.gov

J. D. Martin (2016), "Malaysia: Disaster Management Reference Handbook. By The Center for Excellence in Disaster Management and Humanitarian Assistance (CFE-DM),". pp. 1-99.

D. A. McEntire (2002), "Coordinating multi-organisational responses to disaster: lessons from the March 28, 2000, Fort Worth tornado," *International Journal of Disaster Prevention and Management*. Vol. 11 (5), pp. 369-379.

D. S. Mileti (1999), "Disasters by design: *A reassessment of natural hazards in the United States*," Washington, DC: Joseph Henry Press.

RedCross (2018), "Canadian Red Cross: Information in Disasters,". Site: http://www.redcross.ca

RedCross (2012), "Social Media During Emergencies,". Site: http://www.redcross.ca

P. Rogers (2011), "Development of Resilient Australia: enhancing the PPRR approach with anticipation, assessment and registration of risks," *Australian Journal of Emergency Management*. Vol. 26 (1), pp. 54-58.

M.F.M. Saad, A.A. Latif, and M. Othman (2017), "The 2014 flood disaster in Kemaman, Terengganu: Lessons from the Kemaman experience," *Proceedings of the 6th International Conference on Computing and Informatics*. pp. 628-635.

J. Salter (1998), "Risk management in the emergency management context," *Australian Journal of Emergency Management*. Vol. 13, pp. 22-28.

Wong, M. S, and Nishimoto H. (2018), "The Incorporation of Social Media in an Emergency Supply and Demand Framework in Disaster Response", working paper.

第6章
地方政府の災害時マネジメント
―京都府のケースを中心として―

西 垣 泰 幸

6.1 はじめに

　電子政府やその他の情報伝達手段の重要な機能の一つとして、災害時の情報伝達や被災地域からの情報の収集、救援要請の受信等があげられる。地震、火山噴火、津波等様々な自然災害や台風、集中豪雨による風水害への対応と、災害時の情報伝達・収集は、中央政府のみならず各地方公共団体においても重要な課題となっている。すでに第2章において見たように、災害時における情報発信手段としては、災害情報共有システム（Lアラート）、防災行政無線、緊急速報メール、Webサイト（ホームページ）等さまざまな情報伝達手段が利用されている。また、近年、情報の拡散をさらに進めるために、SNSを情報発信手段として活用することが有効であると考えられている。
　災害時の情報収集に関しては、気象情報や事故情報等公的機関によるもののほか、各種報道機関を含む民間機関により収集される様々な情報に加えて、被災状況の把握や市民からの救援要請などの情報収集が重要となる。SNSにより発信される情報は、災害現場又はその近辺からの発信である場合や、災害発生直後から時間経過に合わせて発信される等、貴重な情報源であり、これを有効に収集・分析活用することにより、避難指示や被災者支援等の有効な対応が可能になると考えられる。
　本章では、このような観点から地方自治体における災害情報伝達手段の整

備や運用について検討し、あわせて京都府の災害時マネジメントの現状と課題について検討する。総務省（2017）によると、近年の中央政府や地方政府の情報伝達設備の整備や運用の在り方に大きな影響を与えたのは、東日本大震災や2011年の台風12号災害などにおける情報伝達において明らかになった課題とその対策として取られた計画であった。総務省（2012）によれば東日本大震災においては、Ｊアラートの自動起動により市町村防災行政無線（同報系）等を自動起動させ、大津波警報や避難の呼びかけなどを瞬時に伝達することが可能になり、避難に役立ったという事例が報告されている。その一方で、住民への情報伝達に関し、次に示すようないくつかの課題がみられたとの報告がある。

　その一つは、情報伝達手段の強化であり、以下のような諸点が指摘されている。まず、Ｊアラートの自動起動が可能な市町村の割合が低かったため、一層の整備が必要である。また、市町村防災行政無線（同報系）の非常電源容量として、最低24時間分を確保し、ソーラー、風力等を含めた発電、高容量電池の設置等により対応することと、不測の長期停電も考慮した発電機の整備や燃料の確保についても考慮する必要がある。さらに、Ｊアラートと連動すべき市町村防災行政無線（同報系）のデジタル化や高度化、多様な伝達手段の確保が必要であり、緊急速報メール、ワンセグ、テレビ、ラジオ、コミュニティ放送等との連携等、多様な情報伝達手段の確保が必要である。特に、緊急速報メールの発信体制の強化（回線の多重化、複数の情報発信端末の確保等）にも配慮する必要がある。加えて、災害情報伝達設備の耐震性の向上、津波等の影響を受けない場所への移設等や、遠隔操作の確保等が必要である。

　次に、地域防災計画の見直しおよび訓練の実施に関する課題として、市町村防災行政無線が使えなくなった場合の代替手段（消防団による広報や広報車の活用等のソフト対応を含む。）の確保等も考慮した、地域防災計画の見直しや訓練の実施が必要である。また、防災事務従事者の安全確保に関する課題として、避難誘導や広報活動などの業務に従事する中で、多くの消防職

団員や行政職員などが津波に巻き込まれ被災したことから、防災事務従事者の安全確保のための情報連絡体制の整備等が必要であることが明らかになった。

　この他、2011 年の台風第 12 号災害においては、避難勧告等の迅速かつ的確な発令が問題となり、夜間非難が予想される場合には、日没前に避難完了できるような体制の整備等が必要であることが明らかになった。さらに、北朝鮮によるミサイル発射事案（2012 年 4 月および 12 月）を契機に、Ｊアラートの全国一斉自動放送訓練を実施するなど、万一の事態に備えてきたが、一部市町村においてＪアラートの自動起動の設定誤りが見られた他、手動対応の小規模団体において、市町村防災行政無線の放送等がなされなかった事例があった。そのため、アラートによる自動起動手段の確保に努め、自動起動が可能な市町村防災行政無線（同報系）等の情報伝達手段を確保することが必要である。次に、情報伝達機器に関する点検や、情報伝達に関する訓練の充実が必要であることが指摘された。

　また、茨城県等における竜巻災害（2012 年 5 月）の教訓として、大規模な災害（竜巻）が発生した旨の情報を住民に伝達することにより、被害軽減が期待できること、また、関係機関との連携が特に重要であり、気象台、テレビ・ラジオ等の報道機関等、地方公共団体の連携が重要であることが明らかになった。さらに、これらの災害時情報伝達に共通する課題として、災害対応を行う地方公共団体職員の能力向上が求められ、さまざまな災害関連情報から、必要な情報を選択・伝達するための訓練・研修等の必要性が認識された。

　以下では、これらの諸点を踏まえ、まず、情報伝達手段の整備に関して、その多重化・多様化、自動起動など迅速性に優れた設備の確保、様々な特性を持つ伝達手段間の連携、被災対策や非常用電源を含む耐災害性の確保などについて検討する。そして、災害時情報伝達の運用に関して、施設の点検や試験、防災従事者の安全確保、訓練、人材育成などに関して検討する。続いて、京都府や府下の市町村において、これらの課題に対応すべく行われた災

害情報伝達手段の整備やその運用の改善について検討する。また、情報伝達の運用面の取り組みとして、災害情報提供・収集について検討するとともに、災害情報通達の先進事例を紹介し、検討を加える。

6.2　災害情報伝達手段の整備について

近年のICTの発展から、利用可能な多くの情報伝達手段が存在している。そして、災害情報にとっては、単一の手段で行うより複数の手段で行った方がより確実な住民への情報伝達が可能となる。本節では、まず、地方政府による災害時を含めた情報伝達手段の整備について、現在のシステムに大きな影響を与えた総務省（2013）によりながらみてゆこう。また、費用対効果の観点も踏まえ、その在り方を整理してゆく。

総務省（2013）においては、まず、情報伝達手段の整備に関して以下のような目標を設定し、都道府県と連携しながら、市町村の取組を推進することが重要であることを指摘している。

①情報伝達手段の多重化・多様化の推進

すべての市町村において、地域の実情を踏まえつつ、情報伝達手段の多重化・多様化を推進することにより、住民が災害関連情報を確実に受け取ることができるような体制を構築する。

②迅速性に優れた情報伝達手段の確保

すべての市町村において、全国瞬時警報システム（Ｌアラート等）により自動起動が可能な住民への情報伝達手段を確保する[1]。また、各市町村は、防災行政無線ばかりでなくできる限り複数の手段について、このシステムによる自動起動を可能とするよう努める。

6.2.1　情報伝達の全体像の把握

このような基本的目標にしたがって、まず、情報伝達施設整備の前提となる地域の特性、起こりうる災害の種類など、情報伝達の業務内容やその体制

をふくむ、情報伝達の全体像を把握することが重要であることを指摘している。全体像の把握のために重要となるものとして、以下のような項目がある。

(1) 地域の特色の分析と把握

限られた財源の中で効率的に情報伝達手段を整備するためには、各地域の実状に合った多様な伝達手段を選択・組み合わせて、情報伝達が行えることが望ましい。また、地域の実状として、地勢、人口、土地利用状況、想定される災害の種類等を的確に把握・分析し、情報伝達の手段を選択・整備することが重要であると考えられる。そのためには、以下のような諸項目の検討が必要となる（表6-1）。

・地域の特色の分析

その一つが、地域の実状の分析であり、これを行う際には表6-1に示す種々の観点に留意することが必要である。

・起こりうる災害の把握

その2つ目として、さまざまな災害は日本全国どこでも起こりうるものであり、それに対する警戒を怠るべきではないが、災害情報伝達手段の整備にあたっては、地域の災害の発生傾向やその特徴を考慮した上で、効果的な整備を行うことが必要である（表6-2）。

表6-1 地域の実情を分析する際に留意する点

留意すべき項目	留意点
地勢	海岸地域、山間地域、平野等
土地利用の状況	住宅地（戸建て住宅、マンション）、工業地域、繁華街、山間集落等
特に留意する場所	集客施設、病院、学校等
情報の受け手の属性	住民、昼間にしかいない人、観光客等一時滞在者、通過交通、高齢者、若年者等

出所：総務省（2013）に基づき作成。

表 6-2　留意すべき災害

対象地域	特に留意すべき災害
日本全国	地震災害、台風災害、武力攻撃事態等
海岸線を有する自治体	津波災害等
火山周辺の自治体	火山災害
河川を有する自治体	台風、豪雨等による堤防決壊災害
北国	豪雪災害

出所：総務省（2013）に基づき作成。

（2）情報伝達の業務

また、災害情報の伝達に係る業務は、夜間、休日を問わず対応が求められ、負荷の高い業務の一つである。実施すべき業務を中心として、情報伝達の全体像を整理することが必要になる。そのため、まず、必要な業務を整理して、優先順位の高い業務に対して人と伝達手段を当てていくことが必要になる。また、災害の種別に応じて、情報収集、情報分析および情報伝達について、情報の流れや発生する業務を把握しておく必要がある。

（3）体制の把握

最後に、情報収集から情報伝達までの流れや業務の明確化を行い、災害情報の伝達体制を構築するために、特に、夜間、休日における業務とそれにあたる人員の明確化、および、役所全体で対応する場合の業務内容と人員・体制を措置しておく必要がある。

6.2.2　耐災害性への配慮について

先に述べたように、東日本大震災の教訓から、また、災害時における情報伝達機能を確保するため、情報伝達手段の耐災害性については特に注意を払う必要がある。総務省（2013）においては、特に、下の点に配慮する必要があることを指摘している。

耐震性：庁舎、基地局、拡声子局の鉄塔などの耐震性は、各自治体で想定

される大震度に耐える仕様とすることが望ましい。

浸水防止措置：庁舎、基地局、屋外拡声子局などの施設に対し、ハザードマップで想定している津波、豪雨等への対策を講じておく必要がある。また、代替設備の整備等の対策を講じておく必要がある。

停電対策：情報伝達手段の停電対策については、全ての施設・設備の停電対策、UPS（無停電電源装置）等の活用、常用電源から非常電源という一連の切り替え動作確認などの対策が重要である。また、少なくとも48時間の動作を保証できる予備電源設備を整備する必要がある。さらに、復旧まで時間がかかることを想定し、予備電源設備として、直流電源装置、自家用発動発電機、無停電電源装置、自然エネルギー活用の太陽光発電設備や風力発電設備なども検討する必要がある。

担当職員の安全確保：そのほか、職員の安全対策について、防災事務従事者の安全が図られるよう、無線等を活用して安全な場所から住民に対して情報伝達を行うことができるよう配慮を行う必要があることを指摘している。

6.2.3　災害情報伝達手段の多様化

(1) 災害時情報伝達手段の分類

災害情報伝達手段については、災害情報の伝達を確実なものにするために多様な伝達手段を整備しなければならない。まず、多様な情報伝達手段について、その形態と操作性の観点から分類すると以下のように示される。

1) 伝達手段の形態による分類（表 6-3）
2) 住民および職員の操作性等を考慮した分類（表 6-4）

(2) 災害情報伝達手段多様化の考え方

災害情報伝達手段を多様化する際には、各伝達手段の特徴を把握し、地域特性も適した組み合わせを選択することが必要である。そこでは、災害情報伝達手段の特徴を複数の視点から比較して、情報伝達手段をどのように組み

表 6-3　災害情報伝達の形態による分類

システムの形態	情報伝達手段
自営通信網	市町村防災無線、エリアワンセグ放送、無線 LAN、IP 告知システム、5GHz 帯無線アクセスシステム、18GHz 帯無線アクセスシステム、920MHz 帯無線マルチホップシステム
通信会社の通信網活用	デジタル MCA 無線、エリアメール・緊急速報メール、登録制による災害情報配信メール Twitter、Facebook、無線 LAN、地域 WiMAX
地域放送会社の設備活用	CATV 網、コミュニティ FM
流通機器を媒体としてその性能を有効活用	デジタルサイネージ、高性能スピーカー
既設設備と連携した情報伝達	百貨店・商業テナントビル・マンション・公共施設等館内放送設備、学校の校内放送設備

出所：総務省（2013）により作成。

表 6-4　災害情報伝達手段の操作性等での分類

分類	情報伝達手段	備考
発信側操作不要で自動起動可能な情報伝達手段	市町村防災行政無線　全国瞬時警報システム	自動起動　受信機との連携が前提
受信側機器操作不要で情報伝達出来るシステム	市町村防災行政無線　エリアメール・緊急速報メール　コミュニティ FM、IP 告知システム、館内・校内放送、	
受信側で受信のための機器操作が必要なシステム	登録制災害情報配信メール　エリアワンセグ放送　Twitter、Facebook	
情報伝達のために構築するネットワーク	デジタル MCA 無線、CATV、地域 WiMAX 無線 LAN、920MHz 帯無線マルチホップシステム　5GHz 帯無線アクセスシステム　18GHz 帯無線アクセスシステム	専用線、各種 VPN 等もあるが一般的なネットワークのため解説省略
職員の操作を軽減化するためのシステム	公共コモンズ、自動起動統合システム＊4　情報伝達統括システム　災害情報伝達制御システム　統合型災害情報伝達システム　複数メディアサーバー　情報自動配信装置　等	
文字情報を伝達する媒体	デジタルサイネージ　エリアメール・緊急速報メール　登録制災害情報配信メール、エリアワンセグ放送、CATV	
音達距離を広げるための媒体	高性能スピーカー	

出所：総務省（2013）により作成。

合わせるべきかを検討する必要がある。

　情報伝達能力：伝達能力、伝達範囲、情報量、耐災害性、伝達の形態（PUSH/PULL）については、受け手の居場所に依拠するので、複数手段を組み合わせることでより確実な災害情報の伝達が可能となる。

　災害時の時間経過に会わせた伝達手段の特性：災害発生前から復旧、復興までの時間経過による各情報伝達手段の特性を考慮して、緊急時（地震、津波、ミサイル等）には速報性のある手段（防災行政無線、エリアメール・緊急速報メール、IP告知放送）で周知し、発災前に時間的余裕がある場合（風水害等）には、PUSH＋PULL型の伝達手段（SNS、コミュニティ放送、登録制メール、ケーブルTV等）でより詳細な情報を提供することが望ましい。発災後は詳細情報の提供が主となるので、防災行政無線を新しい情報提供開始の周知に用いて、PUSH+PULL型の手段で詳細情報の提供を実施することが効率的である。

(3) 情報伝達手段の選択

　必須とすべき緊急伝達手段（PUSH型）：緊急時に最も効果が高いと考えられる防災行政無線とエリアメール・緊急速報メールを整備することが望ましい。また、学校、お年寄り世帯、防災行政無線屋外拡声局の伝達範囲外の世帯については戸別受信機、あるいはIP告知端末の整備が有効である。

　地域特性に合わせたPUSH＋PULL型伝達手段の選択：それぞれの地域の特性に応じて複数の情報伝達手段を組み合わせることにより、より多くの住民に確実に情報を伝達することが重要である。また、注意すべきスポット（集客施設、病院、学校等）に対しての情報伝達手段を構築する場合には、事前打ち合わせのうえ決定することが必要である。

放送の活用：放送事業者と連携する方法を準備しておくことが有効であり、その一つの方法として、公共情報コモンズの活用により、放送事業者の協力を得ながら情報伝達を行う方法がある[2]。

障がい者等への情報伝達：情報伝達を行うにあたり、障がい者への情報伝達や、外国人への情報伝達を考慮しておく必要がある。

6.2.4　災害時情報伝達の運用について

次に、災害時情報伝達の運用面について検討を進めたい。先述のように、近年の大災害時の情報伝達に関する反省から、現状を改善する取り組みとして以下のような項目があげられている[3]。

(1) 情報伝達に関する訓練、試験および改善

住民に対する情報伝達が確実かつ迅速に行われ、防災・減災の効果を上げるため、情報伝達に関する訓練および試験を充実することが必要である。なお、実際の災害時においてはさまざまなトラブルがあることも想定されるため、代替的な手段の活用を含め、臨機応変に適切な対応を行うことができるよう訓練することが望ましい。また、訓練を行う際には、実際に情報伝達手段を起動させる団体を出来るだけ多く確保することや、住民の身体防護、避難等の具体的な行動にも結びつく、より実践的な取組をすることが望まれる。

国と地方公共団体が連携してＪアラートを活用した訓練等を行ったり、地方公共団体が住民に対しＪアラートを活用した訓練、市町村防災行政無線による放送をはじめ、コミュニティ放送やケーブルテレビによる放送などを行う訓練を、定期的かつ継続的に実施する必要がある。また、Ｊアラートを活用した緊急地震速報を市町村防災行政無線等により住民に伝達し、身体防護等の行動を促す訓練もおこなう必要がある。

この他、地方公共団体のニーズに応じ、地震以外の災害（津波等）を想定した訓練、都道府県単位や複数県にわたるブロック別の訓練などの機会を活

用し、Jアラートを用いた情報伝達訓練の拡充について検討する必要がある。また、訓練において不具合等が見られた場合には、その原因解明、改善を図ったうえで再訓練を実施する等の必要がある。

(2) 地方公共団体独自の訓練・試験

各地方公共団体が地域の事情を踏まえつつ、独自に総合防災訓練等において住民に対する情報伝達に取り組むなど、訓練・試験の充実を図ることが重要である。その際、非常電源が導通されているかどうかの確認等を行い、通常電源が使えない際の対応についても確認しておくことが必要である。

(3) 地方自治体における情報伝達手段に関する点検および改善

災害対策本部や防災行政無線等の設置されている庁舎等の安全性の点検などを行うとともに、日頃から情報伝達機器に関する設定および動作状況、非常用電源、設備の耐震性等について点検を行う必要がある。また、消防庁は、各地方公共団体の取組に対し、点検に関するマニュアルの提供、助言等により支援する必要がある。

(4) 日常的な点検および改善

各地方公共団体は、情報伝達手段に関し、定期的な点検を含む、日常的な点検および改善を図る必要がある。
訓練等の機会を活用した点検および改善：
各地方公共団体は、各種の情報伝達に関する訓練等を通じ、情報伝達手段に関する問題を把握した場合には速やかに改善を図る必要がある。
実際の災害事例を踏まえた点検および改善：
各地方公共団体は、実際に起こった災害事例の中から課題を把握し、それを踏まえて情報伝達手段の点検および改善に取り組む必要がある。

6.2.5　情報伝達に関する運用の改善

　災害時における地方公共団体から住民等への情報伝達に当たっては、整備した情報伝達手段を用いて、適切な運用方法が求められる。最近の災害や危機事案を踏まえ、次のような運用面の改善が必要と考えられる。

　まず、市町村防災行政無線（同報系）等で避難を呼びかける際は、分かりやすい表現で、予想される被害の大きさに応じて放送内容に違いを持たせるなどして緊迫感を持たせ、住民の避難や安全確保行動を促す工夫が必要である。そして、防災事務従事者への情報の伝達と安全確保のために、津波到達予想時刻等を考慮した避難ルールの確立や、活動中の防災事務従事者に災害の状況や退避等の指示などの必要な情報を伝達するための無線の整備などを行う必要がある。

　また、関係機関との連携強化や防災事務に従事する地方公共団体職員の能力向上による対応力の強化の必要がある。災害時に提供される気象情報等多くの情報から必要なものを住民へ伝達するとともに、避難勧告等の発令に当たっては、大雨、洪水等の警報や土砂災害警戒情報等の気象に関する情報を判断材料にすることが重要である。そのためには、関係機関との連携強化や防災事務に従事する地方公共団体の職員の能力向上を図っていく必要がある。

6.2.6　SNS（Twitter、Facebook 等）による情報伝達について

　Twitter は短文（140字以内）の情報を投稿（公開）することで誰でも読むことのできるサービスであり、Facebook も同じく文字、写真も含めて投稿することで情報を公開できるサービスである。また、Facebook は情報公開範囲をより細かく設定することができる。

　近年そのユーザ数が増加し、災害時の安否情報の確認や、被災地の住民間において、あるいは被災地と支援地域を結ぶ情報交換手段として活用されている。また、地方公共団体が災害情報などを住民に伝達するために活用している例も多い。Twitter にはライフラインアカウント機能があり、自宅や会社の郵便番号を入力することにより、政府や周辺自治体、電気、ガス、交通

機関などの認証アカウントが表示されて情報を入手することができる。

現在、政府の中央省庁のほとんどがSNSアカウントを作成しているが、防災への一層の活用のためには、市町村がアカウント登録をして、災害情報、災害発生後の各種情報を提供することが重要である[4]。

また、SNSにより発信される情報を積極的に収集・活用することは、災害時情報を獲得する有効な手段の一つであり、これらの情報を活用することによって適切な災害対応が可能となると考えられる。特に、土砂災害や洪水・浸水災害のように時間の経過とともに発生する災害に関しては、地形状況や発災前の降雨状況等とともにSNSによる局地的な情報を重ね合わせることにより、災害の予兆を検知でき、避難勧告、避難指示等事前の対応に繋がる可能性がある（内閣官房情報通信技術総合戦略室、2017）。

他方、発信されるSNS情報には、デマ、流言や誤報が含まれこともあるが、市民からの妥当な要望や示唆等有用な情報が発信される場合もある。こうした市民からの有用な情報を積極的に収集することは、より適切な行政サービスの提供にも繋がると考えられる[5]。しかしながら、SNSにおいては常時膨大な情報が発信されているため、災害時においてSNSの情報を活用するためには、これら膨大な情報の中から有用と思われる情報を的確かつ効率的に抽出することが求められる[6]。内閣官房（2017）においては、効率的に情報を収集・分析することができる手段として、SNSダッシュボードの活用を提案している。

6.3　京都府の災害時情報連絡網の整備と災害情報提供

第6.2節においてみたように、情報伝達手段の整備方針やその運用の在り方を踏まえて、京都府では「京都府防災計画」をまとめている。その項目は、多くの部分が総務省（2013）の指摘に対応して、災害時情報連絡網の整備の基本的な方針と、その運用である災害情報の提供の在り方について指針が示されている。そこで、以下では京都府（2017）によりながら、第6.2節

において述べた情報伝達手段の整備と運用の在り方との対比において、京都府の現状とその課題を検討してゆこう。それをもとに次節では、京都府下の市町村の先進的な取り組みについて検討する。

6.3.1　情報連絡通信網の整備について

まず、京都府とその市町村における、災害時情報連絡網の整備の基本的な方針と計画とを検討する。京都府（2017）には、京都府が整備した情報連絡通信網を基幹システムとする、市町村や防災関係機関のそれとの有機的な整備の方針や連携の在り方が示されている。

大規模な災害時においては、被害が広域におよぶため、関係機関相互間の迅速かつ的確な情報の伝達および収集を行い、地域住民に対して警報、避難勧告等の伝達をすることが必要となる。このため、緊急時において効果的な防災活動を実施するための情報連絡通信網を整備することは重要な課題となる。

(1) 整備計画の方針

災害時には、緊急通信、被害報告等が困難になる場合が予測される。したがって、あらゆる状況を把握し、防災上必要な通信による連絡手段を確立するとともに、各種通信メディア等の活用による情報伝達手段の多重化を図る必要がある。また、初動体制の確立のため、各種防災情報ネットワークシステムを整備し、それぞれのシステムを互いに補完し、情報伝達の信頼性の向上および安全性の確保を図るとともに、各種情報の的確な把握を行う。さらに、非常用電源設備を整備するとともに、その保守点検の実施、的確な操作の徹底、耐震性のある堅固な場所に設置等することも必要である。また、被害情報および関係機関が実施する応急対策の活動情報等を迅速かつ正確に分析・整理・要約・検索するため、最新の情報通信関連技術の導入に努めるものとする。以下ではそれら個々の施設整備の目標について述べる。

(2) 衛星通信系防災情報システムの整備

　京都府においては、災害の予防、災害時の応急活動および復旧活動に関する活動業務を有効に遂行し、地震等の災害から府民の生命および財産を守るため、人工衛星を利用した衛星通信回線（衛星系）と、京都デジタル疏水ネットワークを活用した大容量通信回線（地上系）により2重化された確実な情報伝達が可能な衛星通信系防災情報システムを運用している。衛星系ネットワークは、耐災害性に優れているので、大規模災害発生時における輻輳の回避に留意しつつ、国、府、市町村、消防本部等と、連携した一体的な整備を図ることとする。

(3) 市町村防災行政無線（戸別受信機を含む）

　市町村においては、住民等に対する災害情報の周知徹底を図るため、災害対策本部が設置される市役所・町村役場と各集落に設置される受信設備とを結び、同時に同一内容の通報ができる「同報通信方式の無線網」の整備が求められている。また、病院、学校、電力会社、ガス会社等生活関連機関と市町村災害対策本部とを結ぶ地域防災無線網の整備、そして市町村災害対策本部が現地の被害状況を把握するため、市町村役場と被害現場の間および、自動車等移動体相互間を結ぶ移動系の無線網の整備も必要である。

　的確かつ迅速な災害情報の収集伝達を行うためには、府衛星通信系防災情報システム網と市町村防災行政無線網の有機的な結合を図る必要がある。このため、早期に市町村防災行政無線の整備を促進するとともに、デジタル化による最新の設備の整備を図ることが必要である。

(4) 早期被害情報収集システムの整備

　衛星車載局指令車、ヘリコプターテレビ伝送システム等からの画像を災害対策本部に伝送し、また、災害対策支部が撮影した被害状況の写真を衛星通信系防災情報システムにより災害対策本部に伝送することにより、早期に災害現場の被害状況を把握し、迅速な防災対策を図る。

(5) 緊急時の情報通信の確保

　災害時の情報通信業務にあたる防災担当職員の配置については、休日・夜間の災害発生に対処できる体制を整えるため、防災担当職員等を常時配置する体制を整備する。また、緊急時における防災担当職員および非常時専任職員の参集を補完するため、職員一斉呼出システムおよび、携帯メールの活用を図る。

　緊急時における災害対策本部長等の指揮命令伝達手段を確保するために、府専用電話および府業務用無線の活用により緊急時の情報通信の多重化を図るとともに、国との緊急連絡回線を確保し、内閣総理大臣官邸および国の非常災害対策本部と府災害対策本部との間において、緊急連絡回線の活用を図ることとされている。

　非常災害時の無線通信設備の利用については、各防災関係機関のそれぞれの使用目的に応じて、個々に設置されている通信連絡を非常通信連絡系統に加え利用することができる。また、情報収集要員等の確保のため、アマチュア無線家による通信系の協力体制について、非常通信協議会との連携に配慮しながら整備する。

　さらに、災害時において庁内システムの業務を継続し、職員の通信手段を確保する必要があるため、電算室に設置されているサーバ等が業務継続できる環境の確保に努めるとともに、自治体クラウドを活用した業務継続性の確保に努める。また、住民に迅速に情報を伝達するため、携帯電話のエリアメール・緊急速報メールの活用を進める。

(6) 市町村・防災機関等の非常通信

　災害時には通信混乱が予想されるため、市町村から本部への通信連絡系を確立するとともに、すべての防災関係機関が非常通信に協力する体制を整備する。また、災害時に市町村から府災害対策本部に対して情報連絡、被害報告等が不能もしくは困難になった場合には、非常通信経路に従って通信連絡を行う。無線を整備している防災関係機関は、市町村および他の防災機関

から通信依頼があった場合は、自機関の非常通信に支障がない限り、迅速かつ的確に依頼通信に協力する。なお、非常通信の内容は、人命の救助に関すること、被害状況等の通信に関すること、応援もしくは支援要請に関すること、その他、災害に関して緊急を要することとする。

(7) 市町村の災害時連絡網整備状況について：舞鶴市の場合

ここまで検討してきた市町村の災害時連絡網整備状況について具体的に検討するために、舞鶴市の整備状況をみてゆこう。舞鶴市（2017）によると、災害予防および災害応急対策に関する通信連絡の迅速かつ円滑化を図るため、防災行政無線、消防無線、その他の通信施設の整備に努めている。また、有線通信手段が途絶した事態においても、災害情報の伝達、市域の被害状況を把握するための災害現場との連絡等、災害情報の収集・伝達体制を確立するために、防災行政無線、消防、警察等の無線施設を利用するとし、以下のような通信設備を整備・活用している（表6-5）。

表6-5　通信施設の整備状況

通信手段	内容	摘要
有線通信設備	災害時専用電話　災害時優先電話の登録	老朽施設の取替推進と携帯電話の導入等を図る
無線通信施設	防災無線　消防無線　その他各機関の有する無線	防災行政無線の整備充実に努める通信手段の確保
衛星電話	衛星携帯電話　孤立防止対策用衛星電話（NTT西日本）	災害時の通信確保
災害用伝言ダイヤル等	災害用伝言ダイヤル「171」　災害用伝言板サービス	安否確認、見舞、問合せなどへの対応
「非常無線」	アマチュア無線	アマチュア無線愛好者との連携による補完的通信手段
安否確認と支援情報等の提供の体制整備	全国避難者情報システム（総務省）の活用　安否確認・情報提供の体制整備、システム構築	整備計画

出所：舞鶴市（2017）より作成。

6.3.2 災害時情報連絡網とその運用の在り方について

次に、災害時情報連絡網の運用の在り方として、災害情報の提供と収集について検討する。前小節と同様に、京都府（2017）によりながら、京都府とその市町村の計画についてみてゆく。これは、京都府の現時点における災害情報連絡網の運用について示すとともに、国や市町村との有機的な連携の在り方について規定している。

まず、大規模な災害時においては、通信回線の輻輳、寸断等が予想されるため、府、市町村および防災関係機関は、災害の予報、警報および情報並びにその他の災害応急対策に必要な報告、指示、命令等に関する重要通信の疎通を確保する。また、有線、無線等の通信手段を利用するほか、非常通信、放送事業者への放送の要請等を行い、効果的な通信の運用を図ることとしている。

(1) 災害情報、被害状況等の収集伝達

府、市町村および防災関係機関は、災害時において相互に密接な連携をとり、迅速かつ的確に災害に関する情報、被害状況の収集、伝達および報告に努めることとする。市町村は、当該区域内に災害が発生した時は、速やかに被害状況をとりまとめて知事に報告するとともに、災害応急に関して市町村がすでに措置した事項、および今後の措置に関する事項についても報告しなければならない。

報告の内容は、被害の概要、市町村災害対策本部設置の状況、避難勧告および指示の状況、消防（水防）機関の活動状況（消防〔水防〕職団員別とし、使用した機材と主な活動内容）、応援要請状況、要員および職員派遣状況、応急措置の概要、救助活動の状況、要望事項、その他の状況とする。

報告の方法としては、原則として京都府防災情報システム等をもって行うこととし、災害の経過に応じて、把握した事項から逐次報告する。これ以外の通信設備を利用する際には、電話による場合は、「災害時優先電話」と、場合によっては衛星携帯電話を利用する。また、防災行政無線による場合に

は、通信の優先順位を、緊急要請、災害対策本部指令および指示、応急対策報告、被害状況報告などとする。また、一般の公衆電話が途絶した場合において、警報の伝達および応急措置の実施に必要な連絡等緊急を要する場合には、最寄りのJR駅、警察署および消防署の通信設備を利用することとする。

(2) 災害時における通信手段の確保

　予報、警報および情報の伝達もしくは被害の状況の収集報告、その他の災害応急対策に必要な指示、命令等は、防災行政無線、加入電話、無線通信等により速やかに行う。また、被災地へ向かう安否確認のための通話等が増加し、被災地へ向けての電話がつながりにくい状況（輻輳）になっている場合には、西日本電信電話株式会社の「災害用伝言ダイヤル171」や、西日本電信電話株式会社、株式会社NTTドコモ関西支社、KDDI株式会社（関西総支社）およびソフトバンク株式会社の「災害用伝言板サービス」を利用する。

　防災行政無線、有線電話等が使用不能または著しく使用が困難である場合は、非常通信を利用する。非常通信の内容は、人命の救助に関すること、天災の予報および天災その他の災害の状況に関すること、緊急を要する気象、地震等の観測資料に関すること、非常事態発生の場合における列車運転、鉄道輸送に関すること、などとする。非常通報を発信できる機関は、官庁（公共企業体を含む）および地方自治体、地方防災会議および災害対策本部、日本赤十字社、全国都市消防長連絡協議会のほか、電力会社、地方鉄道などとする。

(3) 孤立防止対策用衛星電話の使用

　災害時においては、交通手段、通信手段の途絶により、特に郡部において孤立地区の発生が予想される。西日本電信電話株式会社は孤立防止対策用衛星電話（Ku-1ch）を市町村役場等に常置しているので、防災行政無線電話、加入電話等の途絶に際してはこの無線電話を活用し、災害情報の報告等通信の確保に努めるものとする。

そのほか、JR通信設備の利用については、知事または市町村長が災害に際して通知、要請、伝達又は警告若しくは応急措置の実施に必要な通信のため、緊急かつ特別の必要があるときに、西日本旅客鉄道株式会社が設置する通信設備を利用するための協定を締結している。また、漁業用海岸局設備の利用については、宮津漁業無線局（漁業用海岸局）は中短波・短波・超短波帯の周波数を使用し、遠方の海岸局、船舶局とも通信が可能であることから、補完的通信設備として利用を図る。

(4) 移動通信機器

災害応急対策のため必要とする無線機器が不足する場合は、府は国や通信事業者へ移動通信機器（衛星携帯電話、MCA無線、簡易無線）の貸与申請等を行い、通信手段の確保を図るものとする。

(5) 市町村における災害時情報通信網の運用体制：宇治市のケース

宇治市（2018）によれば、同市は災害通信施設として防災行政無線を整備し、また京都府防災無線や消防無線との連携を図っているほか、第2節においてみてきた災害用独立電源（自家発電装置）、Web-GIS（地理情報システム）等を整備し、また、次節において述べるように、災害時の住民への情報伝達にエリアメール、緊急速報メールを活用している。宇治市の情報連絡体制は図6-1のようになっている。

6.3.3 災害時情報の収集と市民への伝達

以下では、災害時情報の収集と市民への伝達についてみてゆく。

(1) 災害地調査と災害広報公聴の在り方

まず、災害地調査による情報収集について、災害現地の実態を把握する必要があるときは、本部は調査班を編成して、被害状況をはじめ応急対策実施状況等、現地の実態調査を行う。また、調査事項については、災害原因、被害

第6章　地方政府の災害時マネジメント　163

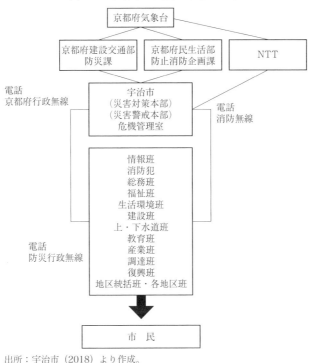

図6-1　宇治市の災害時情報通信網

出所：宇治市（2018）より作成。

状況、応急対策実施状況、防災関係機関の活動状況、住民避難状況、現地活動のあい路、災害地住民の動向および要望事項、現場写真などとしている。このほか、地域ごとの担当責任者、連絡先、連絡事項等を定め、被害状況報告についても、各種情報を市町村長のもとに一元化を図ることとしている。

次に、災害広報広聴の在り方として、被害の状況および応急対策あるいは応急復旧等に関する情報を、府、市町村および関係機関が迅速かつ適確に被災地住民をはじめ府民に対して広報を行い、民心の安定と速やかな復旧を図る。また、災害が終息してからは、民心の安定と速やかな復旧のため広聴活動を展開し、災害地住民の動向と要望活動の把握に努めるとしている。

(2) 広報、広聴計画の内容と関係機関の連携

まず、災害広報公聴について、関係機関ごとに広報を担当する部・課および担当責任者を定め、情報の収集と公表の一元化を図る。報道機関に対する発表あるいは報道機関からの問合せの受付、応答についてあらかじめ実施要領を定め、適切に行う。発表の内容は、災害の種別、発生日時および場所、被害の状況、応急対策実施状況、住民に対する避難勧告指示の状況、府民および被災者に対する協力および注意事項などとする。

災害の広報にあたって、必要に応じて他の関係機関に対し情報の提供を求めるとともに、Ｌアラート（災害情報共有システム）を利用した被害の状況や応急復旧等に関する情報の提供を行うなど、相互に資料の交換を行う。

(3) 広報と広聴要領

災害および対策の状況や府民に協力を要請すべき事項については、災害の規模、動向、今後の予想を検討し、被害の防止等に必要な注意事項をとりまとめたうえで、新聞、ラジオ、テレビ等により報道する。また、市町村防災行政無線（戸別受信機を含む）、CATV、有線放送による広報を要請するとともに、広報紙、チラシ、ポスターおよびホームページ等の情報通信環境を利用する。

被災地および避難場所等に臨時被災相談所等を関係機関の協力を得て設置し、被災者からの相談、要望、苦情等多彩な生活等の問題について相談に応じるほか、速やかに関係機関に連絡して早期解決に努める。各機関は、必要に応じ、発災後速やかに住民等からの問合せに対応する専用電話を備えた窓口の設置、人員の配置等体制の整備を図る。また、情報のニーズを見極めた上で、情報収集・整理・発信を行うものとする。

府および市町村は、被災者の安否について住民等から照会があったときは、被災者等の権利利益を不当に侵害することのないよう配慮しつつ消防、救助等人命に関わるような災害発生直後の緊急性の高い応急措置に支障を及ぼさない範囲で、可能な限り安否情報を回答するよう努めるものとする。この場

合、安否情報の適切な提供のために必要と認めるときは、関係地方公共団体、消防機関、府警察等と協力して、被災者に関する情報の収集に努めることとする。

6.4　京都府における災害情報通達の先進事例

　ここまで、災害時情報連絡網の整備の基本的な方針と、その運用である災害情報の提供の在り方を検討してきた。以下では、京都府の個々の自治体にける災害時情報連絡網の整備と、その運用である災害情報の提供、収集の現状と課題について、先進的な自治体の事例を検討することにより、見てゆこう。

(1) 福知山市の取り組み

　福知山市においては、2004 年 10 月の台風 23 号災害、2013 年 9 月の台風 18 号災害、2014 年 8 月の豪雨災害、2016 年の台風 13 号による災害等、市域が洪水に見舞われ、多くの床上浸水、床下浸水の被害が発生した。福知山市においては、災害情報の伝達のため、2013 年の段階までの情報伝達手段としては、表 6-6 に示されるように、防災無線、メールなどが主体であった。

　2013 年台風 18 号災害時における災害情報の伝達において、屋外スピーカーが聞こえない、あるいは逆に、施設近隣住民からの騒音の苦情が寄せられた、また、由良川の水位が氾濫危険水位であったにもかかわらず、晴れてきたため避難所から帰宅する市民が続出するなど、災害情報が十分に伝わらない、あるいは誤解されていたなどの課題が発生した。このため、福知山市においては、「FM 緊急告知防災ラジオ」の導入を検討しはじめた。

　これは、緊急起動し、大音量放送による確実な情報伝達が期待でき、操作が簡単で、緊急時の持ち出しも容易であり、また 1 台当たりの費用が安価というメリットがある。逆に、情報発信時の作業が煩雑であり、可聴エリア

表 6-6　福知山市における情報伝達手段（2013 年台風 18 号災害まで）

種類	運営主体	備考
防災行政無線（屋外拡声子局）	福知山市	旧福知山市内中心に 50 台
防災行政無線（個別受信機）	福知山市	自治会長宅、土砂災害警戒区域全戸に約 880 台。
緊急速報メール	携帯電話会社	強制的文字情報送信
登録制メール（京都府防災・防犯メール）	京都府	避難情報等以外にも啓発メールなど利用
オフィシャル・ホームページ	福知山市	
消防団広報活動	福知山市消防団	消防車両による広報

出所：福知山市（2017）より作成。

表 6-7　新たに追加された情報伝達手段

新たに追加された種類	運営主体	備考
FM 緊急告知防災ラジオ	福知山市、FM 丹波	由良川沿いの要配慮者と民生児童委員（約 900 台）
防災ラジオ	福知山市	土砂災害警戒区域（約 2,500 台）
テレフォンガイドシステム	福知山市	聞き直し用、5 回線
登録制 LINE	福知山市	約 5,000 人
聴覚障がい者 FAX	福知山市	防災行政無線、登録制メールと同じ内容を送信

出所：福知山市（2017）より作成。

が限定的、地区別放送ができないなどの問題点もあるが、2014 年 3 月に導入を決定した。福知山市では河川氾濫や土砂災害等の想定地域が明確であり、ラジオの導入戸数も大規模には及ばないなどの状況が有利に働いたものと考えられる。

　その後、より安価な防災ラジオの導入も併せて推進し、2016 年 3 月の貸与状況は合計 3,420 台であり、予定者の全員に対し貸与が完了している。そして、登録制の LINE などの導入も進み、防災ラジオの導入により、福知山市の 2016 年 3 月現在の情報伝達手段は、表 6-6 に加えて新たに表 6-7 のような項目が追加され、充実された。

(2) 京田辺市における SNS 運営体制

　以下では、内閣官房（2017）によりながら、積極的に SNS を活用し、確実に効果を挙げている京都府の地方公共団体の活用事例を紹介する。まず、京田辺市を中心とした、SNS 対応のための運営体制の工夫についてみてゆきたい。災害時には庁内各課が保有する情報を効率的に集約し、必要な情報を住民に対し迅速に発信することが求められる。そのための運営体制として、防災担当部門と SNS を担当する広報部門とを近隣に配置する等により情報連携の迅速化を図っている。また、庁内に情報センターを配置し、情報を一元化することにより情報伝達の効率化を図ることも可能となる。京田辺市においては、庁内各課で掲載情報を作成し、一元的に広報部署もしくは防災部署で発信することにより効率的な情報発信に努めている[7]。

(3) 宇治市における情報発信の工夫

　警報・注意喚起や支援等に係る情報を市民に対し確実に伝達することが重要である。可能な限り多くの市民に伝達するためには、なるべく多くの通信・広報媒体を活用することが効果的であり、このため、防災無線、公式ホームページ、緊急速報メール等との連動や地域の FM 局との連携を図ることで、情報伝達媒体を増やすことが可能となる。このような目的から、宇治市においては防災無線、公式ホームページ、緊急速報メール等の有機的連動化に取り組んでいる[8]。

　発信内容に関しては、災害専用のアカウントとともに、平常時において一般行政情報や観光、イベント等の情報を配信している SNS について、災害時に発信する緊急情報が市民の目に留まりやすいよう工夫を行う必要がある。また、防災情報の発信を主とするアカウントについては、平常時から防災や安全安心に関する情報を発信するとともに、災害時に確実に閲覧してもらえるように、平常時は一般行政情報や観光・イベント情報等を発信し、同サイトへの関心を惹きつける工夫を行うことが有効である。このような観点から、宇治市においては平常時に一般行政情報や観光・イベント情報等を発信し、

災害時情報発信・収集におけるSNS利用の有効性を高める取り組みを行っている[9]。

(4) 滋賀県湖南市における市民リポーター制度を活用した情報収集（参考）

災害時における情報収集に際しより多くの情報を収集するためには、市民からの情報を専用に受け付ける掲示板を公開し、災害時に広く市民からの情報発信を呼びかけることが有効である。災害時における情報収集を効率的に行うため、災害時にTwitterにて災害情報を発信する際、ツイートの文章内に＃（ハッシュタグ）を付して発信するよう要請している。また、災害時に近隣の情報を発信してもらえる市民を予め募集、登録し、信頼性の高い情報を確保することも重要である。このような目的から、滋賀県の湖南市においては、予め事前登録した市民リポーター（サポーター）等から情報を収集するとともに、地域情報の発信や市民と行政とのコミュニケーションを図ることを目的とした市民参加型SNSを利用し、災害時にも情報発信ができる市民を募集、登録する取り組みを行っている。

6.5 おわりに

本章では、地方自治体における災害情報伝達手段の整備や運用について検討し、あわせて京都府の災害時マネジメントの現状と課題について検討してきた。近年の大災害時における情報伝達・収集に関する教訓から、まず、情報伝達手段の整備に関して、その多重化・多様化、自動起動など迅速性に優れた設備の確保、様々な特性を持つ伝達手段間の連携、被災対策や非常用電源を含む耐災害性の確保などが課題となっている。また、災害時情報伝達の運用に関して、施設の点検や試験、防災従事者の安全確保、訓練、人材育成などが課題となっている。本章では、これらの課題に対応する災害情報伝達手段の整備やその運用の改善について、京都府と市町村の災害時情報連絡網の整備と災害情報提供・収集について検討し、災害情報通達の先進事例を検

討した。

　第6.3節において詳しく見たように、各市町村の災害時情報伝達手段の整備状況は、地域の特性や想定される災害の種類に応じて必ずしも同じものではないが、その効果的な運用の在り方については、確実かつ迅速な情報伝達により防災・減災の効果を上げるべく取り組まれている。また、近年盛んに利用されているSNSを活用した災害時情報伝達収集においては、先進的ないくつかの取り組みを示したが、今後ともその活用方策や情報収集にあたっての技術改善の取り組みが有効であると考えられる。

注
1) Jアラートは、その後公共情報コモンズとして整備が進み2014年よりLアラートと改称された。
2) 総務省（2013）には、公共情報コモンズの形成や運用に関するより詳しい記述がある。
3) 総務省（2013）参照。
4) 内閣官房情報通信技術総合戦略室の調査によると、平成28年の段階において、地方公共団体1,741のうち1,029が公式SNSアカウントを保有し、このうち943団体（全体の53.6％）が災害対応としても活用している（内閣官房、2017）。
5) 総務省（2017）においては、被災地における安否確認や生活情報の取得に関して、LINEの利用率が高いことを述べている。
6) 佐藤（2018）には、SNS利用の利点と問題点に関するより詳しい記述がある。
7) そのほか、山口県山陽小野田市などが同様の取り組みを行っている（内閣官房、2017）
8) 宇治市のほか、北海道小樽市、青森県八戸市、青森県むつ市、青森県平川市、岩手県奥州市、山形県長井市、新潟県新潟市、富山県南砺市、静岡県川根本町、兵庫県西宮市、鳥取県倉吉市、山口県萩市、熊本県熊本市、熊本県宇土市、鹿児島県知名町などにおいても同様の取り組みが行われている。
9) 宇治市のほか、新潟県燕市、長野県須坂市、長野県駒ケ根市、愛知県知多市、兵庫県西宮市、鳥取県米子市、島根県安来市、島根県雲南市などが同様の取り組みを行っている。

参考文献
上村進、高橋邦明、土肥亮一著（2012）『e-ガバメント論―従来型電子政府・電子自治体はなぜ進まないのか―』、三恵社。

宇治市（2018）『宇治市地域防災計画』、宇治市。
榎並利博（2004）「自治体における新たな行政モデル構築とIT経営」、『FUJITSU』第55巻、pp. 409-413。
京都府（2017）『京都府防災計画』、京都府。
京都府福知山市（2017）『京都府福知山市における情報伝達手段の現状』、福知山市。
災害時等の情報伝達の共通基盤の在り方に関する研究会（2014）『情報を一人ひとりに素早く届け、災害からみんなの安全を守る』、総務省。
佐藤翔輔（2018）『災害対応におけるSNSの有効性と限界－東日本震災発生から7年を振り返って－（南海トラフ地震予測対応勉強会成果・報告書）』、東北大学災害科学国際研究所。
総務省（2017）『情報通信白書平成29年版』、日経印刷株式会社。
総務省消防庁防災情報室（2013）『情報伝達手段の整備に関する手引き（住民への情報伝達手段の多様化実証実験）』、総務省。
総務省自治行政局地域情報政策室編（2018）『地方自治情報管理概要～電子自治体の推進状況（平成29年度）～』、総務省。
総務省地方公共団体における災害情報法等の伝達の在り方に係る研究会（2012）『地方公共団体における災害情報法等の伝達の在り方に係る研究会報告書－住民に対する情報伝達手段の整備及び管理・研修等に係る基本的な考え方－』、総務省。
内閣官房情報通信技術（IT）総合戦略室（2017）『災害対応におけるSNS活用ガイドブック』、総務省。
舞鶴市（2017）『舞鶴市地域防災計画』。
矢杉直也、劉長鈺、西本秀樹（2014）「e-Japan計画と我が国の電子政府展開」、西本秀樹編著『地方政府の効率性と電子政府』、日本経済評論社。
Wong, M.S., H. Nishimoto and Y. Nishigaki (2018) "The Incorporation of Social Media in an Emergency Supply and Demand Framework in Disaster Response," mimeo.

執筆者一覧

編著者
西本秀樹（にしもと・ひでき）龍谷大学経済学部教授

執筆者
西垣泰幸（にしがき・やすゆき）龍谷大学経済学部教授
遠山元道（とおやま・もとみち）慶應義塾大学理工学部准教授
Wong Meng Seng：Nottingham University, Malaysia Campus, Business School, Associate Professor
東裕三（ひがし・ゆうぞう）釧路公立大学経済学部講師
根本潤（ねもと・じゅん）慶應義塾大学大学院理工学研究科

〈龍谷大学社会科学研究所叢書第125巻〉
災害時の情報伝達と地方自治体

2019年2月28日　第1刷発行
定価（本体3500円＋税）

編著者　西　本　秀　樹
発行者　柿　﨑　　均
発行所　株式会社　日本経済評論社
〒101-0062　東京都千代田区神田駿河台1-7-7
電話 03-5577-7286　FAX 03-5577-2803
E-mail: info8188@nikkeihyo.co.jp
http://www.nikkeihyo.co.jp

装丁・渡辺美知子　　太平印刷社・誠製本

落丁本・乱丁本はお取替えいたします　Printed in Japan
© NISHIMOTO Hideki et al. 2019
ISBN 978-4-8188-2521-5

・本書の複製権・翻訳権・上映権・譲渡権・公衆送信権（送信可能化権を含む）は，（株）日本経済評論社が保有します．

・[JCOPY]〈(社)出版者著作権管理機構　委託出版物〉
本書の無断複写は著作権法上での例外を除き禁じられています．複写される場合は，そのつど事前に，（社）出版者著作権管理機構（電話 03-3513-6969, FAX 03-3513-6979, e-mail : info@jcopy.or.jp）の許諾を得てください．

地域間ヤードスティック競争の経済学
　　　　　　　　西垣泰幸著　本体 4200 円

地方分権と政策評価
　　　　　　　　西垣泰幸編著　本体 4200 円

地方政府の効率性と電子政府
　　　　　　　　西本秀樹編著　本体 4200 円

e デモクラシー 1
電子投票
　　　　　　　　　岩崎正洋編　本体 2500 円

e デモクラシー 2
電子投票
　　　　　　　　　岩崎正洋編　本体 2500 円

e デモクラシー 3
コミュニティ
　　　岩崎正洋・河井孝仁・田中幹也編　本体 2500 円

シリーズ 社会・経済を学ぶ
経済学にとって公共性とはなにか
　──公益事業とインフラの経済学──
　　　　　　　　　小坂直人著　本体 3000 円

日本経済評論社